JN141057

アドルフ・アドラー | フレデリック・クリスチャン・シバーン

キルケゴールとデンマークの哲学・神学

大坪 哲也　編訳

晃洋書房

目次

アドルフ・アドラー
『最も重要な形態における孤立した主体性』（一八四〇年）

第Ⅱ部

凡例

一　本書『キルケゴールとデンマークの哲学・神学』は、次の作品を収める。

1. アドルフ・アドラー『最も重要な形態における孤立した主体性』一八四〇年

2. フレデリック・クリスチャン・シバーン『現代との関係において考察されるヘーゲル哲学に関する論評と研究』第二部「ヘーゲル学派において矛盾律が扱われる仕方について」一八三八年

二　テキストはすべて、左に掲げる初版の本文を底本とした。

1　A. P. Adler, Den Isolerede Subjectivitet i dens vigtigste Skikkelser. Første Deel. Kjøbenhavn. Trykt i det Berlingske Bogtrykkeri. 1840.

2　Sibbern, F. C.: Om Den Maade, hvorpaa Contradictionsprincipet behandles i den hegelske Skole, med Mere, som henhører til de logiske Grundbetragtninger, i *Bemærkninger og Undersøgelser, fornemmelig betreffende Hegels Philosophie, betragtet i Forhold til vor Tid* særskilt aftrykte af en i Maanedsskrift for Litteratur 10de Aargang: indrykket Recension over Prof. Heibergs Perseus No. 1, 1838.

三　原文でイタリックとなっている箇所はイタリックで表記する。著名の場合は『　』とする。

四　原文の・・は傍点で強調する。原文の（　）は本訳書では〈　〉と表記する。また原文で併記されるデンマーク語、ドイツ語、ラテン語は、必要な場合に限り（　）で訳語の後に併記する。

五　原文の原注は頁ごとの脚注となっているが、本訳書で脚注はすべて通し番号を付けて各作品の末尾に纏めた。本文中では原注を（ ）、訳注を（訳注　）とする。

六　本文中の［ ］は訳者による補足である。

七　引用は既訳を参照しつつも、訳者があらためて訳し直した。

八　アドラーやシバーンのヘーゲルからの引用は、いずれも『ベルリン版ヘーゲル全集』Georg Wilhelm Friedrich Hegels Werke. Vollständige Ausgabe, Bd. 1-18, Hrsg. von Ludwig Boumann, Friedrich Förster, Eduard Gans, Karl Hegel, Leopold von Henning, Heinrich Gustav Hotho, Philipp Marheineke, Karl Ludwig Michelet, Karl Rosenkranz, Johannes Schulze, Berlin: Verlag von Duncker und Humblot 1832-45. である。本文中では『全集』と表記する。

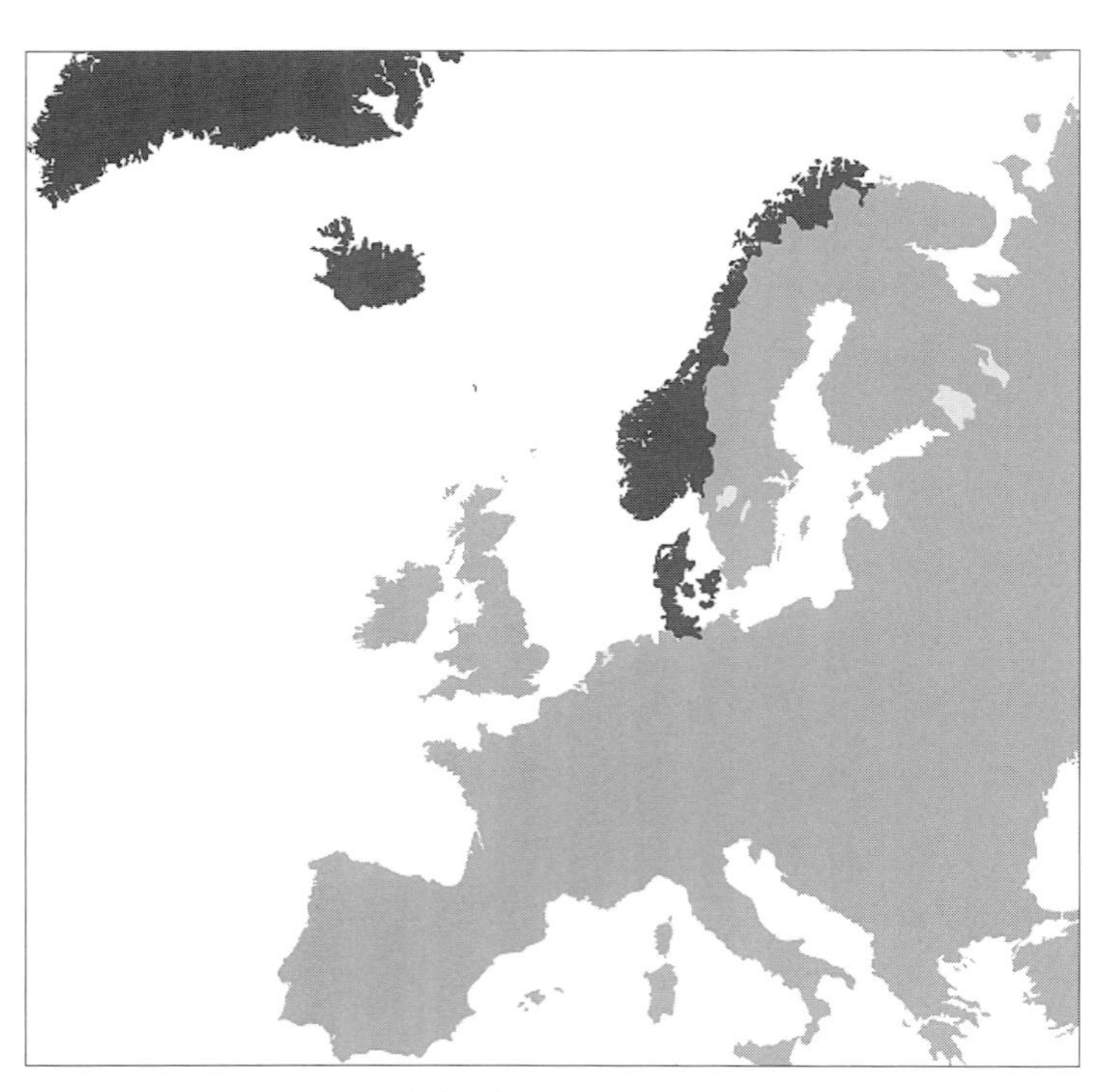

19世紀デンマーク位置図

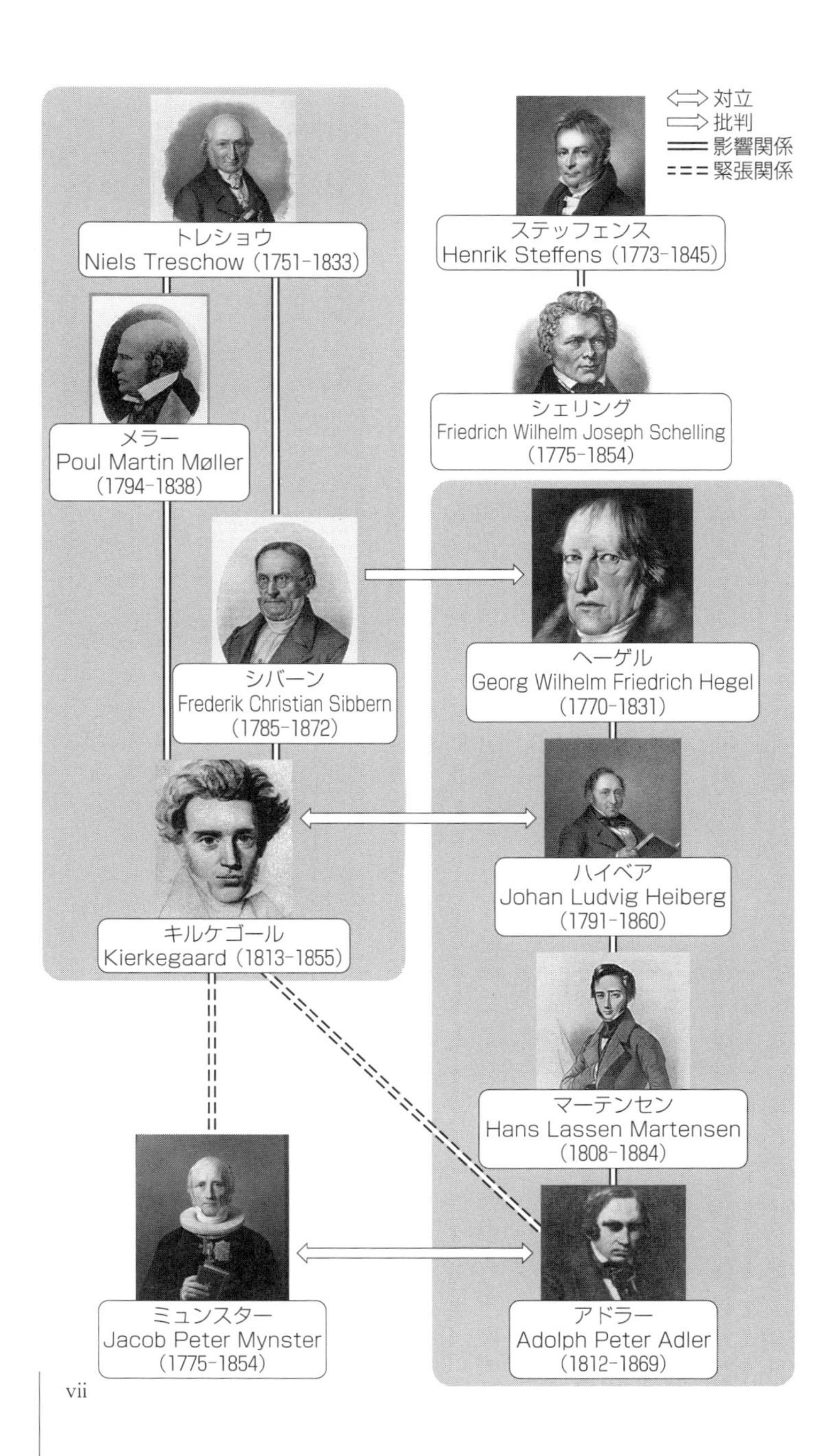

⇔ 対立
⇒ 批判
═ 影響関係
=== 緊張関係
トレショウ
Niels Treschow (1751-1833)
ステッフェンス
Henrik Steffens (1773-1845)
シェリング
Friedrich Wilhelm Joseph Schelling
(1775-1854)
メラー
Poul Martin Møller
(1794-1838)
シバーン
Frederik Christian Sibbern
(1785-1872)
ヘーゲル
Georg Wilhelm Friedrich Hegel
(1770-1831)
ハイベア
Johan Ludvig Heiberg
(1791-1860)
キルケゴール
Kierkegaard (1813-1855)
マーテンセン
Hans Lassen Martensen
(1808-1884)
ミュンスター
Jacob Peter Mynster
(1775-1854)
アドラー
Adolph Peter Adler
(1812-1869)

アドルフ・アドラー

『最も重要な形態における孤立した主体性』（一八四〇年）

第Ⅰ部

第1節　連結における思考と存在（Tænkning og Bæren i deres Forbindelse）

思惟や思考は、人間にとって生得的である。それらは人間の身体や外形の本性と同じく、人間に与えられたものである。それ故に思考は、境界を画定することができない子供にも直接的に現れ、人々の間に生きているどんな人間の内にも見出されるがゆえに、人間の言語に属している。

思考は与えられているが、我々に抽象的に与えられているのではない。思考は、［人間との］結びつきが、どこから来てどこへ行くのか、我々が知らないような軽薄な本質ではない。思考は我々にとって身体のなかで共に与えられており、我々が周辺世界との関係にある限り、我々に与えられ、世界の内における生全体のなかで与えられている。思考はまた世界と存在の対立のなかにあるものでもない。それどころか思考は、我々が世界に存立する関係に依存し、条件づけられ、我々が身体を所有して世界の内に生きる限りでの場所全体に見出される。思考はその必然的な条件のゆえに、存在を所有する。言い換えれば、思考は、我々が生まれ、生き、運動する存在の雰囲気に依存し、存在が刻印する徴に、まさに存在としての重い必然性を残す痕跡に依存している。存在とは、思考がある程度まで常にそれに縛られている（adscriptus）土地（glebæ）である。この思考の存在への依存は、精神の本性的な質と、その運命づけられた規定性を含んでいる。

この思考の存在への依存に関する宗教的な証言として、すなわち、個人が生きる世界への単独的意識の依存に関する宗教的な証言として、原罪と義認の教説を挙げよう。ひとりの罪によって全ての者が罪人となり、ひとりの義によって全ての者が義とされた。個人の罪は、まわりの空気を吸ってしまえば、個人が生まれた、堕落した世界に依存する。つまり、キリストによる個人の義認は、個人の生まれたキリスト教世界や、個人の受け入れたキリスト教の教説に依存している。これは、存在と世界に依存する思考の定立のなかに、個人のカテゴリーを持つ、具体的な宗教的表現である。我々が生きる世界は、ある程度まで我々の内部で、自己を反省し、自らを再現する。地上的なものには地上的なものを、天上的なものには天上的なものを、といった具合に。我々は地上に存在する者として、天上のアダムの像なのである。

思考は単に存在に依存するだけではない。思考は存在と共に、存在の内にのみ与えられている。存在から抽象化された思考は無意味であり、空虚である。身体と世界から切り離された思考は、無のように消え去る。思考が自分自身を無化すべきでないのなら、存在によって思考は固く保持されなければならない。存在が思考自身の対立の現存を許さないのなら、存在を否定することによって、思考自体は、あらゆる一面的な契機のように、自らの根拠へ帰還する。思考はその必然的な前提のゆえに存在を所有し、ただ存在と共に、存在の内にのみ場所を見出す。

存在から分離した思考の例として、絶対的な懐疑を挙げよう。これはまさに存在から自らを解放し、存在を否定し無化するが、それによって自己自身をも無化してしまう。それは世界のあらゆる内容を否定し、自分をあらゆるものから分離し、自己自身についての真正の証明を疑い、一貫してあるという言葉を断定しない。無。無とは深淵の中へ飛躍する言葉である。これは存在から抽象化された思惟であり、自分を破滅し、無化する過程によって、自分自身を殺してしまう思考だ。例えば、レーナウの『ファウスト[1]』一九六頁。「私は欲望と罪と痛みをもった夢であり、心に刺さったナイフを夢想する」。

しかし逆に言えば、存在は同じくらい思考に依存する。存在は思考なしに見いだされず、その必然的な前提について思考を持ち、思考との不可分な結合のなかでのみ見出される。思考の法則であるところの存在と世界があって、普遍性と必然性の法則を欠いていたとすれば、当然の結果として無も生じる。それは思考と必然性の法則による創造主の生成が、言葉以前に世界を覆っていた荒廃と虚無、無限の混沌、広大な無であって、この思惟の表出が、闇と光を分かち、階層的に天と地を創造した。思惟と思惟法則から抽象化された絶対的な存在は、ばらばらに砕けて無の中に消滅した。もし全てものが思惟の法則を欠いていたら、全ては完全な無であっただろう。思惟の最後の息吹とともに、すべては死に絶え、無と化していただろう。

このようにして存在と思考は互いに規定しあい、互いに抽出できなかったものは互いの内に残され、互いの不可分な結合の中にのみ見いだされた。

「彼が語るとそれはなった、彼が見るとそれはあった」という言葉[2]は、この思考と存在の不可分な結合を表現している。その結合は、宇宙の完全な多様性の内で反復し、あらゆるものの最も極限的な抽象の内にあるにもかかわらず、自らを保持する。

注解　思惟が存在から少しも分離できないのと同じように、哲学的懐疑は、この概念から分離することができない。我々はこの観点から、論理的前提の欠如と呼ばれる〔存在と思考との〕同一性について、それが切迫の必然を伴って現れる場合に、哲学的前提について幾分かの注釈を付け加えたい。思考が自立的に生起するのであれば、もはや古い権威信仰の根底は保持されないが、もし思考がその教えや規則と一緒に母乳を吸い、空気も吸って、その新鮮な空気が、我々に対する信託統治を自ずと獲得し、その信託統治の内で思考が絶えず止揚され続け、我々がその統治からほとんど圧迫される危険がなければ、思考は重要な契機である。なぜならそれが哲学の始源だからである。哲学は、存在に抗って現れる思考によって始まる。それは懐疑で始まり、すべてを否定し無化するものの始源から自ずと現れる。しかしこのことは、ただすべて再び新しく生まれ変わるために、死後復活する（post fata revivere）ために無化される。哲学はただ存在によって贖われるために、存在との闘争へ入るだけで、哲学固有の内実を所有する場から、具体的世界を見渡すには程遠く、哲学が具体的世界を理解するには、終極点がある。それはまさに無であると解明されなければならない、抽象的かつ円環的で、堅固な出発点、つまり前提であり、同時にそれは、我々が看過できないほど必然的なものである。この不変の前提が発見され、それが新しく建てられた後に、はじめて崖の上でも揺るがない建築物がそこに現れ、必然的で堅固な法則に従ってそれが建てられる。

しかしそこで懐疑は自らの限界をどこにもつのか？　無化することのできない存在、宇宙が再び出現し、新しい天と地が再び創造されるべき存在はどこにあるのか。別言すれば、哲学はその不変の出発点をどこに持つのか。哲学はすべてを疑ったが、それが概念であるということ、つまり、存在についての普遍的な概念（almindelige Begreb om Baeren）を疑うことができない。概念は、私が思考し、かつ実存するものとしての自己を否定し、同時に死んだ思考と肉体が、考えることも生きることもやめて、私を生き埋めにしたまま思考が死滅しない限り、経験的存在から最も離れた、必然的な限界として、〔思考と〕全く同程度に存在なのである。思考の衝動であると同時に生の内奥の振動でもあり、論理的かつ経験的に与えられると同時に、私がそこで思考の内奥と実存の切迫を感じることのできるこの存在は、思考と生が無であり、私自身が醜であると言わない限り、哲学の根底であり、必然的な出発点であり、前提である。この存在の内で、思考と経験的な存在は、それらの永遠の妥当性を持つ。この哲学的前提は、それが奪われることによって思考が停止し、生が消え去るために、あらゆるものの外的な限界でもある。それだけではなく、この前提は発展を生み出す。というのも、思考するものの存在だけでなく、実存するものの存在、思考され、経験された存在も、何か他のもの、思考と存在、意識と環境、主観と客観、精神と物質、自由と必然性、その独立性と依存性における自我の具体的統一として直ちに現れ、世界と生の多様性へと活動を広げるのだから。

「我考う、ゆえに我在り」（cogito ergo sum）で表現する哲学は、それによって、実存の前提としての思考を言明するが、それが同時に「我在る、ゆえに我考う」（sum ergo cogito）[3]によって、思考の前提としての実存を言明できない場合は、一面的で主観的である。双方の命題が言明されて初めて、哲学は主観的＝客観的であり、主観＝客観であるだけでなく、思惟と実存する存在に対して妥当する前提をもった存在、つまり思弁的論理学の存在をもつ。なぜなら、それはまさに新しい哲学における論理的なものの意味であり、思考の法則のみならず、形式論理学と現実的な学問との間の差異を止揚する、実存の法則（Existentsens Love）だからである。ちょうど自己が精神と自然の内在であり、世界の構造全体が構成されるところの基礎であり、思惟と実存の領域を吟味する永遠の図式であるように。それ故に、哲学の領域は単に思考の領域だけではなく、現実性の領域であり、その第一の前提から概念は普遍的な存在であり、我々がすでに気付いているように、思考と実存の存在でもある。

第2節　〔直接性における思考と存在〕

思考と存在が統一において与えられているように、精神と物質、心と身体は経験において与えられた統一であり、それらの調和的な共存在（Samværen）と相互作用の解明が、あらゆる哲学的思弁における要点である。思考は至るところで普遍性と内面性の契機を表出する。つまり存在は自然から啓示宗教まで、どれもが実存と実在性であり、実定性である。自然のなかで思考のカテゴリーは、特異性のエレメントのように混ぜ合わされている。自然は理性の発展であり、出現した有機体であるが、特異性のエレメントにおける理性的な体系である。ここで思考は直接的に客観性の内で自ら沈潜し、感覚的な物質性のなかで無精神的に過ぎ去っている。思考はここで石化し〔過去のものと化し〕、存在において結晶化している。ここでは思考と存在の間になにも対立がない。このことから、自然の永遠な確実性と自然法則の厳密性が存在する。しかしまさにそれ故に、思考のカテゴリーは、自然の中に見出されるのであり、理性的使用と悟性の対象になることができるのだ。

思考のカテゴリーが自然を否定する場合、すなわち実在性から思考が分離する場合、実在性は、形式を欠いた物質、無限の混沌になる。ちょうど逆に、思考から実在性が分離する場合に、思考が考えられただけの形式、錯覚した現存在、カント的な現象、仮現的な世界、フィヒテの自我の空想になるように。「死んだ自然は、それがその概念と実在性に分離される場合、考えられた形式と形式を欠いた物質の主観的抽象物に他ならない」(4)（ヘーゲル『全集』、三巻〔大論理学〕、二三九頁）。

「動物が持つ思考のカテゴリーは直観であり、直観のなかに、普遍性と必然性の法則を持つ。直観と現存在はここで分離することができない。動物は直観だけで生きて活動している。それ故に直観は、動物的な確信において我々に強い印象を与える」(5)（ローゼンクランツ『心理学』一八三七年、三頁）。

人間の最も低次な立場において、存在と思考は無意識の統一の内にある。思考はここでは自然と直接的な統一の内にあり、自然は思考と直接的な統一の内にある。直接性の立場が常に、統一のなかで自ら運動する思弁性と共通点があるのと同様に、ここには自然と思考の統一がある。子供はただ思いつく存在を、いわば何かの前触れとの関連性で怖がり、存在するものを直観しているとしか考えない。
最も機械的な活動性は、未だ思考を伴っていないにも関わらず、思考が消え去って、余分なものがあるかのように思える。最も低次な次元における未熟な人間や、最も理性を欠いた活動性は、思考のカテゴリーのなかで無意識的に運動している。思考は至る所で経験と手を取り合って運動し、直観との連関において自らの妥当性を示す。

反対に、最も抽象的な思考は、存在や経験に先行する直観から引き離すことができず、思考が空想の産物でもない限り、直観から分離することができない。抽象的思惟は、その思考自身が無意識であっても、経験とその先行する直観が持つ言語の内に、つまり心の内に（in mente）世界の内実を持っており、ごくまれな場合に、必然性の類比と推論によって、このことを跳び越してしまうことがある。

それ故に、思考と経験は、孤立しては表象され得ない。一面的に両者の空虚な抽象が得られるだけである。しかしすでに思考が消え去っているとすれば、別言すれば、すべてがイメージの促進の通りにあるような抽象的思考が、すべてのものにとって無感覚であっても、物質的な現前を所有するとすれば、そのように非現実性を美しく考えることは、目で見て、耳で聞いたものすべてが、見て聞くとおりにあるという具合に、馬鹿げたものになるだろう。思考が広大な虚無、限りない没頭、限界なき無と同じであるとしたら、逆に思考が普遍性であって、まさに限界のない空間のように全てを包括すると思われる。
世界から内的な瞑想へ沈潜する精神の転移についてのインド哲学の教説や、すべてのものが純粋な空のなかで溶解し、人が無色の世界の住人になる完全性の状態についてのインド哲学の教説は、我々に経験から分離した思考の例を教える。「行為はどこでも思考によって同化され、この思考自体はどこまでも感性界によって引き戻される。思考は自らの内へ沈潜し、インド哲学と神秘主義において、自分の自我よりも高い孤立した自我として悩み苦しむために、思考は全世界の背後に退けられる。このインド世界哲学の素晴らしい驚嘆が考え抜くのは、無かそれとも全てかを自らの内に把握することだ」（ヴィーンバルク[6]『美学出征』九一頁）。「全生涯はインド人の夢となり、その夢自身は目覚めへの憧憬となった。つまり成熟への憧憬ではなく、瞑想と死と解放への憧憬となった」（ヴィーンバルク『美学出征』一〇五頁）。

注解　ヘーゲル哲学への反対の中で、最も多くあるもののひとつで、最も愚かしいものは、環境世界や、感覚と経験の証明を顧慮せずに、思考と思惟の弁証法的発展だけで、現存在とその多様性を構成できると考えることである。ヘーゲル論理学は、そのためにあらゆる知覚、直観、経験の代わりに導入されなければならなかった。つまり論理学は、自らの内に、その充足と多様性のなかにある広大な世界全体の完全な範型を含まなければならず、他のあらゆる世界観を無用なものにしなければならなかった。人々はヘーゲル主義のカテゴリーを弄ぶために、強い錠剤を得ようとした点で、単に同毒治療的な仕方でその世界観を得る必要があったに過ぎない。それらは強力な抽出物として、自らの内に具体的世界の充実を包含していなければならなかった。つまりそれらは現存在の広大さと多様性に対するある種の対数でなければならなかった。真正の世界認識を得るために、人々は「客観性よ、さらば」と言わなければならなかった。ちょうど禁欲主義の僧侶が、偽りの世界の当惑した多様性を放棄するように、ヘーゲル論理学は、我々にとって広大な王国における生への確かな鍵であって、そこで人々は精神のなかを覗き込み、具体的世界の物質的な充足を刈り取って、思考の修道院へ入会するというのである。

この意見は如何に不条理でばかげていようとも、それでもしばしば聞かれるし、認められている。人々はヘーゲル哲学によって生み出された客観性［対象性］に対する観念論的革命に不満を抱き、その客観的内容や、人格的な神、自己意識の夜のなかに消えゆくそのキリスト教の教説に不満を述べた。自分の利益がまさに客観性を正当に位置づけることであったヘーゲルは、現実の実在性を促進したために、観念論を終わらせたフィヒテと同じ非難を受けなければならなかった。思惟規定と哲学が現存在の本性的な敵であると信じるような人々は、哲学者が最も高次な思惟法則を必要とするのは、単に流動性の故に現存在を否定し、客観性を無化し、現実の灰の上に新しい世界を構築する言葉を獲得するためだけだと思っていた。思考と存在は、そのように矛盾対立し合う二つの権威者であるかのように思われたので、人々は直ちに他在を保持するための言葉を獲得することなしには、それらを統一することができなかったのである。

第3節　[直観の一面性]

我々はそれ故に思考と経験が一面的に空虚な抽象物を得るのを理解する。真なるものは、一方［思考］が他方［経験］の中に与えられ、他方から分離され得ないことの内に存している。私は自分の中に持つ思考のカテゴリーに関係づけることなしに、何かを見たり経験したりすることができないし、世界の内で心の中に見たものを積荷で安定させることなしに、何かを考えることもできない。私は永遠のカテゴリーの図式においても、経験の導きの帯（ledebånd）においても運動する。それ故にあらゆる思考する直観と直感する思考があり、我々はその二つの表現を提示する。「知性の内を通らないものは、感性の内にはない。また感性の内を通らないものは、知性の内にもない（"nihil est in sensu, quod non fuerit in intellectu, nec non nihil est in intellectu, quod non fuerit in sensu,"）」（ヘーゲル『哲学的諸学のエンチュクロペディー』第三版、一八三〇年、一三頁）。

他在の内と共に与えられた契機をそのように理解するのは、最新哲学の最も重要な成果である。それまで通常の方法は、他在から一つの契機を引き離し、その一面性のなかでそれを保持することであったが、それはつまり、抽象化して、抽出物の内に真なるものを探し求めて、その等しさの内で統一を措定することであった。それ故に、世界についての我々の認識と我々の世界観との関連で、すぐさま経験が一面的に保持され〈直観－存在〉、そのまま思惟の一面性がすべてを構成すると思われた。

最初の行動指針に対しては思惟の永遠性が、最後の行動指針に対しては、物質の永遠性が常に論点になる。もし人が多様性と特異性について、統一性と普遍性の教示を失うべきでないか、あるいは、反対に、統一性と普遍性のなかに実在性の豊かさを失うべきでないのであれば、思考と経験は手を取り合って両立しなければならない。思考は全て直観するものでなければならず、言い換えれば、その背景に具体的な世界と現実性を持たなければならないのであり、経験と直観は全て思考するもの、つまりは、思考の光によって生じなければならず、思惟規定の図式に従って秩序付けられなければならない。

第4節 [意識の相関性]

存在も思惟も互いの内で作用し合うが、現実性において区別されるように、ただ意識のなかでだけでそれらは分かたれている。意識とは、真なるものがそのもとから現れる形式であり、我々がそのもとで宇宙の像を受け入れる意識の形式は、我々の内奥で世界とその内容を再現し、我々の思考と周辺世界の間に統一を齎す。それ故まさに意識の形式が思考と存在の統一であり、不可分の結合の内にこの統一の契機がある。この契機が分かたれるところではどこでも、思考は常に内容を切望し、いわば、思考はまさにその応答の正確さの証明として、一致する存在を求める。存在は贖いを、思考によって把握されることを求め、それによって自由へと回復する。それ故に、ここで思考も存在も、相互的に規定し合い、互いに起因しあう相関関係を持つ。私は思考から存在を証明しなければならず、存在から思考を証明しなければならない。

ここで私に対して肯定的に存立するようなものが考えられなければならない。つまり私がそれを考えることができてはじめて、実際に私はそれがあると言うことができ、それが存在に属すると見做すことができるのだ。私がそれを考えることができない場合は、私に対して不可解なものが存在し、それは人間の思考と意識の外側で生じている。というのも、それが私の思考の中で再現できないとしたら、存在と世界は私にとって無であり、私の意識の内に第二の創造の場所が見いだせないとしたら、私にとって世界の最初の創造は何の意味もないからである。もし諸対象がなんにせよ、概して私にとって生や光、意味を持つに違いないのであれば、思惟は内奥の眼である。思考なしには、すべてのものは闇に覆い隠されており、私に無関係なものとして私の外部で起きている。世界の大きさ、豊かさ、多様性は思考の環境と発展に依存する。私の思考が完全なものになればなるほど、ますます私は世界の内を展望し、私にとって世界はますます大きくなり、ますます私は世界の深さと神秘をより深く明瞭に展望するようになる。思考がより不完全で未発達なものになればなるほど、世界は私にとってより収縮していき、より貧しくなり、世界の像は私に対してより混乱したものとなり、私にとってより無関係で重要なものではなくなってしまう。存在は思考に依存する。その例を挙げれば、奇跡を考えることのできない者は、かつて奇跡が起きたと言うことも出来ない。つまり彼は奇跡を何か与えられたものとして所有するが、奇跡を考えることはできないので、奇跡を存在に属すると想定することができず、彼は自分自身に抗っているのである。〈事実彼が明らかにするように、彼が言うには、奇跡は起きなかった〉。彼の内には思考と存在の抗争がある。存在は思考の証明を持たないので、彼にとって思考は存在ではない。我々が不信仰に帰するように、彼が奇跡を受け入れないのは、まさに思考可能なものとして受け入れることのできないものである。不信仰の誤りは、彼がほんの少ししか思考を持たないところにあるために、彼の存在の領域もまた小さい。

しかし思考は存在の証明のようなものであり、存在は思考の含意なしには私の意識の内で受け取られることがない。他方で存在は、思考の真実と豊かさの証明の裏返しであり、思考が存在から証明を得られない場合、私も自分の意識の内で何かを受け取ることができない。存在の限界ではないような思考は、空虚で内容と法則性を欠いた思考である。誰でも幽霊の錯覚を知っているし、人間が考えるすべてのものが、現実に存在するのではないことも知っている。存在の証明を持つ思考だけが実在性を持つ。実在性なき思考は幻想以外の何ものでもない。例えば幽霊の確信は、ひとつの思考であるが、存在の証明を持っていない幻想である。その様に、我々が迷信と呼ぶ信仰は、まさに存在しない何かを思考している。迷信の誤謬は、思考が存在の限界ではないものをあまりにも考えすぎる誤謬である。

そのように存在と思考は互いに規定し合うなかで交替し、存在の法則と思考の法則の間に見出される一致〈kongruent〉と、両者がまさに多くの妥当性をもって差し迫る必然性に基づいて、それらは相互に浸透する。世界〈存在〉と人間の思考の内に見出される永遠の理性は、思考と存在の範囲と正確さの条件にもかかわらず、思考と存在の絶対的同一性から非連続である。

我々が結果として、永遠の理性に何の奇跡も不信仰もないと認める場合でも、幽霊や迷信を認める場合でも、我々は始源の思考を明言するし、またそれによって始源の存在〈世界〉があまりにも小さく、終極の思考と存在〈世界〉があまりにも大きいことを明言することで、如何に我々が正確な存在と思考の範囲の客観的な規定に従って、我々自身を規定しているかを理解する。

ここでまた二つの有名な文句が見いだされる（ヘーゲル『全集』、八巻〔法哲学〕、一七頁）。「理性的なものは現実的である[7]」。これはすなわち、あらゆる理性的思考は現存在の内に実在性を持つことを述べており、「理性的なものは現実的である」とは、現存在におけるあらゆる実在性と積極性が思惟法則と一致することを述べている。

それは注意深くも、我々が存在を包括し、運動の中で質量を措定する法則であるような思考を前提にする場合にも、また逆に、質量それ自身が運動するような存在を前提にする場合にも、しばしば同一性の想像力（Identitetens Phantasmagorie）によって、思惟と存在の法則が同じであることが知られる。

それ故重要なことは、あらゆる存在は思考されなければならず、あらゆる思考は存在しなければならないことである。この思考された存在と、存在する思考の成果が、意識であり、思考と存在の同一性である。

第5節　概念と理念（Begreb og Idee）

思考と存在の絶対的統一は、単にすべての思考と存在に対する絶対的な第一原因であるのみならず、それらの法則の相互作用と、それ自身の内に内在する共存在のなかに、あらゆる存在と思考を持つ。宇宙全体の思考と存在は、完全な意識の内にある仕方で、途方もなく創造し、そのようにすべてを知り、すべてを包摂する統一の内にある。この統一が概念である。概念は、統一の中にそれぞれ異なる側面を包含するが、それ自身のうちに規定され、そのなかに自らの自由と独立性を持つ。つまり概念は、他在における自己自身との統一であり、限界としてではないが、自己規定としての否定性を持つために、具体的な統一であり、自由な発展に対して創造力に富み、それ自身が全体性であり、その法則の細分化による派生と産出のなかにある、あらゆる思考と存在の起源や始源である。

しかし概念の統一は観念的な統一にすぎない。概念とは、全体性であるにもかかわらず、具体的であり、まさに主体の全体性に過ぎず、一つの具体的な主体性である。それは真理と世界精神の主体的な側面である。その内容は身体を欠いた非物質的なものであり、構想力による一つの世界である。

概念は観念的な統一であるがゆえに自らを否定し、観念的で主体的な統一から、現実的で自立的な統一である、理念に発展する。(8)

このことは実在性によって起こる。概念は、それ自身が全体性であるが、自らの固有な自由によって自己を措定する、実在性と現象の必然的な発展である。しかし概念がそのように実在性の中から離れると、諸形態の多様性が示されるが、その多様性が、あまりにも異なって、相互に対立するので、どのように、多様性が概念の静的な統一に基づいたままでいられるのか、どのように諸理念の内で再び結合されるのか、我々には理解できない。それは概念の統一がその中で失われるような世界の多様性であり、我々が多様性について普遍性を見失うような諸々の個別性である。
それ故に、実在的な分離の内でも理念的なものが当然あるはずなので、概念的統一は現存する。概念の統一は実在性の分離の中で保存される。その様にして初めて我々は、統一がもはや単に観念的ではなく、実在的でもあるような、完全で自己包括的な全体性を獲得する。それが理念である。ここで概念は実在性を通して自らを反省する。概念はこうして完全な形態の中で自らを回復する。主体的概念は客観的概念、理念に至る。

注解　神は概念である。このなかに、神の自由と独立性は、神の世界に対する関係として与えられている。世界史と神の国は理念である。それは我々の理念に内在する概念的統一をもった現実的な実存を示す。
概念との関連によって信仰は要求される。すなわち、ここには我々に確信を促す、見えない客観性がある。信仰とは見えないものについての確かさであり、言い換えれば、具体的な主体性や概念としての神についての確信である。幸いなのは、たとえそれらが見えないとしても、信じる人々であり、誰でも、神を概念として信じる人は幸いである。我々が最初に理念の内で神の意志が実現されるのを見るのであれば、信仰を持つことに益はない。理念は必然性を確信させる。なぜなら理念は、見える実在性によって過ぎ去り、見られるものとしてのその確かさを我々に刻印するからである。この理念の強制的な力もまた、永遠の判断についての理念において、死後の生において表現される。

第6節　主体性（Subjectivitet）

概念が自らの普遍性から離れる時、実在性の内で自らを開示し、単独性として自らを示す。理念的統一において再び回復するために、概念は世界の単独性の内で展開する。単独性における開示が主体性である。主体性がそのように根拠に対して存する普遍性と対立して保持される場合、我々は単独性の原理としての主体性と、普遍性の原理としての客観性との間の対立を獲得する。

概念としての神のもとには主体性があり、客観性は理念的に現存するが、両者は互いに理念的に不可分な結合の内にある。ここでそれらは他方との不可分な結合の中にあるひとつの契機である。神のもとにある一面的な主体性は、普遍性と必然性の法則を欠いた無秩序な世界で自らを示そうとし、他者との結びつきのないあらゆる個人が、自ら個人として立つような偶発的な領域に対して、普遍化しようとするだろう。そうでなければ、主体性は、啓示と自身の存在の客体化なしに、その集約的な個別性の内に神を留まらせ、世界なき世界として、自己自身との永遠の自己直観の内で愛を創造し、人間の家族なしに、自らの意志を創造し、神の国を広める為に、神と等しくなろうとするだろう。

反対に、一面的な客観性に措定された神は、全てが同じ神的実体に固定された、ある種の汎神論を我々に与える。スピノザの体系は無限の抽象的客観性である。なぜならここには他者によって肯定的に規定される何かがあるからである。ここには特殊によって肯定的に規定される普遍的なものがある。何かの否定性でさえも同じ何かであり、普遍的なものの否定性でさえも、同じ普遍的なものである。神を否定すると言った万物でさえも、神である。これこそが無限の孤立した客観性、一面的な実体であると同時に、汎神論と汎世界論（Pankosmismus）である。

概念は主体性と客観性、単独性と普遍性をその概念形成の統一において包含する。それ故に概念は全体性であり、具体的な統一、発展である。

第7節 ［主体の単独性］

単独性としての主体性は、全く普遍性の否定ではない。神が真の具体的普遍として保持される時、結果として世界全体が生じるが、このことは、実在的な個別性と多様性の豊かさであり、普遍性が現実化する内での主体的契機が自己自身を否定して、単独者になることであるから、それ故逆に、その単独者たちは単独性として自らを否定し、それらの単独性を超えて、自らを普遍性として措定することになるだろう。そのように世界全体もまた、主体的契機として言明されるが、「世界は自分のためにある」と言って、自分自身の意志で立つようになり、自分自身の意志で神の支配の外側に立つようになれば、それは客観性と普遍性の否定である。

そのように世界全体は、最も広い意味で、主体性の豊かさである。

しかし実際に我々は主体性について語っていない。ここでは精神を欠いた普遍的な法則が変化していて、すでに石化［硬直化］し、沈下して、自らを客観的な力として措定している。自然の主体性は、偶然の一致であり、普遍性と必然性の法則からの逸脱であろう。そのような偶然の一致を我々は思いつくことができない。我々がそれについて思い当るのは、例えば奇跡であり、それは我々が奇跡を必然性にまで遡及し、普遍性の客観的な表現として理解するまで、それを否定するか、留め置かないかのどちらかである。

動物の中には少しだけ主体性について語りうるものがある。ここでの利点は、主体性と客観性が、本性的な必然性において同居していることである。主体性は、ここでは個別性が普遍性として自分自身を固定化して、消え去ったような、説明しがたい偶然的な現象のなかで意義を持つが、あらゆる経験や思考としては、個別性のための普遍的な法則を見出す。我々は個別性を普遍性の下に位置付けてしまうことは支持できない。

自然や動物には、主体性について語りうるものがない。というのも、精神を欠いた普遍性は、自ら個別性の内に沈み込んでおり、諸々の個別性はただ存在の単独性でしかないからである。ここで個別性は思考のように、硬直化し固定化されている。それは個別性としても把握されない。主体性はここで無意識的でもある。

その一方で、人間について言えば、もし本質が、現実的で自立的な統一のなかに思考と存在が見いだされるような思考と存在であれば、個別性も自らを意識された単独性や、主体性として示すだろう。

第8節 ［主体性と客観性の分離］

人間において主体性と客観性、単独性と普遍性は、統一において与えられていない。なぜなら被造物は、創造主との統一から抜け出したその瞬間から、主体性も客観性の統一の外に出たからである。それ故に、これらの契機は、ここで人間たちの現実的な自律性として与えられ、普遍性と単独性の対立として、人間たちの現実的な対立の内で、その固有な自我と環境世界、固有の意志と外面的な必然性を得たのである。それ故に、全ての人間の規定性は、再び主体性と客観性の間に統一を齎し、概念のなかにある理念的な現存という契機を再び把握して、理念において自律的な現実性が実現化されることを目的とする。

人間の主体性や単独性の契機は、一方では、存在の単独性であり、他方では、思考の単独性であり、ある程度、単独性の形態における存在と思考の両面であり、意識の形態のなかにある単独性の形態である。

存在の単独性としての主体性は、自然の契機であり、単独者としての自己自身の意識である経験的な生である。それ故に、欲求、衝動、個人の意志などの経験的なものについて、人間は自然的かつ直接的な仕方で、自己自身を創造的な個性のように自我の単独性を感じ、自分の生、欲求、衝動、意志を、無限の正しさと妥当性を持つ事実として感じる。これが直接的で自然的な形態における即自存在の主体性である。

思考の契機として、主体性は内奥性の契機であり、自由の契機である。自らの思考と行動を伴う人間が、何かを理解し、何かに参与すべき場合には、思考と行動は、内面的に可能にされなければならず、自らの自由に満足を感じなければならない。ただ実体的な対象が、個人の自由によって現実化される時にだけ、概念は現実化され、理念の豊かさが放散される。

これが自己内存在における主体性である。それは自らの内で媒介される欲求をもって現れ、客観的な普遍性が、主体性に対して否定的に関係するものではないと言明するが、主体性の固有な存在と同一であり、それと肯定的に関係する。これが哲学の始源である。なぜなら、あらゆる哲学は、媒介に基づくからである。

単独性の形態における思考と存在として、主体性は意識であり、私のなかで世界の内容が把握され、再現される意識の形態は、私の主体的な固有性となり、私が単独性の形態において思考と存在を感じる規定性となる。これがその自己内存在と対自存在における主体性である。

客観性とは、自然と精神の存在、永続する体系としての世界全体であり、普遍性と必然性の形態のもとでのあらゆる実存と実在性である。それは存在の単独性に対して、客観的な力としての精神によって高まり、思考の単独性に対して、客観的な現存として、自然と被造物全体によって高まり、意識の単独性に対して、環境とその具体的な充足によって高まる。その客観性は、個体の自然的な存在が、自らの単独性と自然性を止揚するのを促し、それらを超えて、精神の客観性のなかに限界と内容を見出すのを促す。精神の客観性は、単独の思考や、集約的な自由と自然の独立性や、被造物全体を、それらが自らを自由にすることができずに、精神の内で初めて現存在を得るような客観的な力として、実体に与えるのである。つまり客観性は、意識に被造物全体がそのうちにある環境の豊かさを与え、自らを現実化することによって、自分自身に対象的な意義を与えて、思考の生から現実性の生へ自らを変化させるのである。

第9節　［個別と普遍］

思考と存在が孤立するのと同じだけ、主体性と客観性も孤立する。単独性は、ただ個別性としてだけ見いだされ、規定する限界や対立として普遍性を持つことによってのみ、全体性において実存する。普遍性は、逆に個別性の形態において理解されることによってのみ、真理と重要性を持つ。

個別性はただ普遍性が高まる限界によってのみ保持される。個別性は、自らが普遍性のなかで拡散されるものであり、普遍性の反映、小宇宙である。客観性の限界を取り去ることによって、個別性は虚無のなかへ消え去り、無となる。生、この単独者としての自己自身の直接的な意識は、客観性の規定性と限界によってのみ保持される。この没落が死に向かう生となる時、その偉大で空虚な普遍性に対する個別性は、無と同じである。

反対に普遍性は、諸々の個別性の内に見られ、肉となって我々の間に住まうことによって場所を見出す。それだけが諸々の個別性のなかで真理と意義と実存をもつ。このことがなければ、それは認識されえない物自体、空虚な空間と時間であろう。なぜなら空間と時間は、ただ諸々の個別性によってその意義を獲得し、空間と時間の外には重要性が見いだされないからである。それらは諸々の個別性の内に、個別性によってのみ存立する。その限界のない不明瞭な普遍性のなかにある荒々しさは、無と同じ巨大な空虚のなかを浮揚する。

個別性と普遍性は、互いに分離し合い、内容のない空虚となるだけである。両者はほとんど無である。それらは互いの内に共に与えられた、相互に規定し合う相関関係であり、両者は互いに無頓着に依存し合う。もし客観性が無差別的で無意味な力であるのなら、客観性は、主体性の内へ没入するであろうし、主体性は、消え去ってその静止した点に見出される実体として、客観性によって限界付けられるだろう。

意識とはまさにそれ自身によって、それ自身の内で充たされる直接的なものを持たない、思考と存在の間の関係であるが、これらの他在を、意識自身に内在する内部性の充足として所有することで、他在の内に満足を見い出すだけなので、理念が主体性と客観性の間の同じ関係を表すのである。なぜなら理念は、自身の個別性を断念することによってのみ、充足を見出すからであり、客観的な実体を充足させて、その実体の内で、現実的な自然、自由と意志を見出すからである。理念が限界に対するこの固定した客観性を持たないのであれば、理念は消滅し、まさに構想力における思考のように、無限性のなかで消え去ってしまう。

第10節 ［単独性の原理としての主体性］

主体性は契機として自身の永遠の妥当性と正しさを持つ。主体性は、単独性の原理であり、経験的で自然的な生の契機によって、我々が世界に結びつけられるだけでなく、内奥性と自己意識の契機によって、我々が理念の豊かさに結び付けられるような原理でもある。生と自由と意識は、主体自身の単独性の感情に依存する。主体性は、客観性が現実化する必然的なエレメントであり、客観性なしには抽象的で、無気力で無益な普遍性であったことだろう。

どんな理念も、神的な法則も人間的な法則も、人間が主体性を持っていなければ、理解され得なかったに違いない。それらは人間を不自由な意志で従わせる自然の魔術のように、我々に理解できない暗い語りのようなものであったことだろう。理念が単独性の契機や内奥性や自由の契機を欠く場合は、理念は自然との同質性の内に沈み込むであろうが、人格性がまさに内奥性と自由を欠く場合は、理念は客観性の痕跡の下に留まるだろう。人間はある種の超自然主義と決定論の重圧に苦しんだに違いない。

しかし主体性がこの永遠の妥当性を契機として持つように、主体が客観性から分離し、この正統性を拒否する場合には、主体はその永遠の妥当性を失い、孤立した統一のなかで保持される。そこで主体は、自らの対立を無化する全体性としてあり、理性的で現実的な世界に安らってはいない。そこで主体は、自身の対立と限界を無化することで、自らあらゆる内容と規定性を奪ってしまう。そのように主体が自身に固有な単独性の内に留まって、このことを実現することだけを目的とするのなら、主体は自然と結合されておらず、無限の衝動と欲求、限界のない恣意的自由、自らを放散する内面性、結合されていない自我、すべてそれらの形態における孤立した抽象的主体性である。あらゆる客観性の否定として、すべての普遍性を超える主体自身の意志の単独性は、自らの孤立した内奥性を、最も高次なものに措定し、自我の恣意の故に、あらゆる客観性を崩壊させ、空虚な無限性の内で、自らの空虚で無限な結合を欠いた内実のない自由の内に入り込む。

第11節　孤立した主体性（Isoleret Subjectivitet）

まさに主体性が一方では存在の単独性であり、他方では思考の単独性で、もう他方では、単独性の形態における両面〈意識の形態〉であるように、孤立した主体性[9]も、一方では存在への観点における孤立した〈抽象的＝無限の〉主体性であり、他方で思考との観点における孤立した主体性であり、もう他方で両面〈意識〉の観点における孤立した主体性である。

最初のものとして、それは自らの直接的で自然的な形態のなかで即自的であるような、孤立した、無限の主体性である。ここで人は完全に直接的な仕方で、自我の単独性を、無限の生、無限の推進力や欲求や意志として感じている。これらはその単独性を、全てを支配し、全てを包括する普遍性として、自我に基づいて措定し、その直接的な生と、直接的な意志、推進力、欲求を自然に与えられた事実として措定する。あらゆる他在は、個別的な経験的存在との比較において妥当性を持たないものであり、それ自身の内で世界全体への支配をもつものであり、否定性として、どんな客観性をも認めない[10]。それ故に我々は、客観性を子供が持つような、最も無意識的ですべてを包摂する形態に、すなわち諸宗教と物神崇拝の呪術における歴史的形態に見出す。我々は主体の恣意から想定されるだけのあらゆる恣意的な媒介にも、主体があらゆる対象の内容を飲み込み、否定する制約のない意志にも、またあらゆる欲求の対象を消尽し、恣意的に否定する無限の欲求にも、客観性が心理学的現象として再現されるのを見出す。ここには完全に一貫した無神論がある。自我とは自我自身の神であり、ただ自分自身を拝んでいるだけである。

自然的で経験的な存在の主体の内に、我々は無限としての主体性を見る。なぜならそれは、どんな対象も恣意的に監視し、客観性を否定するからである。我々は思考の主体、その自己内存在の主体の内へ入り、主体性を、自己と対象の間の媒介のなかにあるものとして綿密に考察し、あたかもそのなかに真なるものの反照があるかのように、裸の主体性の内奥に固執する。それ故に、我々は生の対象的な内容が現れるのを許す代わりに、その妥当性を認め、そのようにして、真の媒介を齎し、客観性から生を引き離すことによって、あらゆる客観性を無化し、客観性をつまらぬものにし、どんな世界の内容も印象も無効化して、その孤立した内奥の中へ後退する。

絶対的なものはここでは人間の外部に存在しないものとして認識される。それは本質的にその内奥に自らの場所を得たのだ。それは意識の中で反省する存在として知覚される。しかしそれはただ意識の抽象的で空虚で純粋に形式的な形態であり、主体性と客観性が同じ空虚さのなかで消失する、精神の完全に抽象的な自己内存在である。この思考の孤立した主体性、この抽象的な内奥は、ここでは哲学の始源ではなく、その結果と終極点である。ここで真なるものは、あらゆる客観性の否定として理解される。そのように、客観性が自己自身のなかで無規定であるように、真なるものは、主体性を無限性の内で消失させるように、何か偉大なことを言うことで、自分に厳格さを与えるが、現実的にそれは無限の空虚である。空虚な自己内存在は、ここで絶対精神と混同される。このようにして我々は無限の孤立した主体性を、歴史的現象として理解するのであり、インド宗教の〈＝宗派の〉内的な聖なる行為、内的な没頭と自己への瞑想についての原理が、世界形成の現れとその窮乏や虚しさとの間の対立を媒介して、それ自身において、その内的な存立が根拠付けられるのを理解する。世界全体の円環からの解放は、最も高次な完全性として適応される。それ故に、あらゆる聖なる行為は、あらゆる表象を死ぬことの内にあり、自らを多彩な世界から解放し、色彩なき世界へ、言い換えれば、主体性と客観性が等しく無意味で、完全に精神の空虚と無感動である精神の内的な直観へと到達する。それは現実的で自然的な移行と無限の内奥における没落であり、無限に没頭する主体性、ブラフマン、ニルヴァーナ、空虚な無である。「インド人においては、総じて存在への思惟を途絶えさせる、底なしの深淵の神秘において、行為と感性界の思想が混同され、両者の関係が断たれ、身の毛のよだつような荒廃のなかの無を、ある無として――、生きた身体によって不遜にも思い悩む」（ヴィーンバルク『美学出征』一〇〇頁）。ここで哲学的抽象＝契機は、この思想が持つ直観と表象の世界からの自発的な放棄について述べている。この破壊的な構想力は、世界の中心にあって、豊かさと多彩な多様性を示す質の広大な構造と感覚世界全体を無化し、存在するものを存在しないもの、生きているものを死んだものと考え、世界の現れと声に目を閉じ、耳をふさぐいで、その内容全体を拒否し、構想力と想像力の対立物として、無から創造せずに、無へと縮減すると述べている。しかしこの抽象の契機は、ここでは哲学の始源ではなく、その目的である。「その祭儀の中心は、自らをこの無と統一することである」（ヘーゲル『全集』、十一巻〔宗教哲学講義〕、二六三頁）。

主体性はそのように、心理学的な契機として、病的な神秘主義、静寂主義、禁欲主義、心霊主義においてこの思考を再現し、それらによって徐々に客観性から思考を解放した。世界の内容から解放された意志は、真理に到達したと信じ、孤立した内奥と受動的な単独性の内に逃れ込んだことによって、絶対的なものを見出したと信じたのである。ある種の聖職売買があるところでは、自然の豊かさを犠牲にすることによって、精神が獲得されると信じられており、税収のために世界全体の内実を偽るところでは、人々は、被造物を憎みながらも、無と同じである何か抽象的なものから、無規定なものをこしらえて、自らの内奥を発見したのだと思う。「すべてはインド人が――外面的に身体を動かさず、感覚や表象や空想や欲求等においても動揺することなく、何年も彼の鼻の先を見つめてただ、オーム、オーム、オームと心の中で呟くか、まったく何も語らないでいる時、ブラフマンと呼ぶものと同じである」（ヘーゲル『全集』、三巻〔大論理学〕、九七頁）。

それ故、主体性はここで、自身の無限の内奥において客観性から分離するのであり、無である。それは世界の声が聴こえる明白な死のようなもので、自己自身の内に閉じこもるが、自ら運動することができない。

我々はそのように、その原理が同時に思考の単独性であるようなストア主義に、無限の孤立した主体性を見出す。思考と諸対象の必然的な一致は、ここでも全く形式的に理解され、抽象的な同一性において措定され、諸々の対象も、思考と同様にそれらの自己規定を失った内奥性の接点において措定される。それ故に我々も、精神がここで自己自身の内へ後退し、外的な対象と共に受動的な統一の中に留まるのを理解する。その空虚な単一性の意識は、思考することのできない、なんらかの内容を発展させる原理となる。すなわち、この形式的な原理のなかには、自己自身と結合し、自己との純粋な一致を自ら保持しようと思考する、あらゆる世界の内容に対する無差別がある。客観性は、思考や意志の絶対的な内奥性に作用しない、無差別的で中立的な力にされる。思考と意志は、空虚な自立性のなかで自由に存立するために、すべての世界の内容に対し、いわば自らを要塞化して、堅固に自己を守ったのである。ここには哲学的な無差別の契機と哲学的な断念の契機が、契機としてではなく、目的として表現されている。

これらの体系のうちには、完全な無世界論（fuldkommen Akosmisme）がある。自我は自分自身の世界なのだ。

単独性の形態における存在と思考として、自我は逆に増大する。つまり自我は、外的世界に対して要塞化し、堅固に身を固めるのではなく、外的世界を支配し、自己のなかにそれを取り込む。それは意識のなかの思考と存在に見出される統一を欺かせ、自我によって世界を措定させ、言わば世界を、自分のなかになにもなく、主体への関係の外に無差別の存在をもたない、直接性という幻影にする。それはつまり、世界を自我によって措定された幻影にして、世界を自我の反照とするのである。これが無限の意識としての無限の孤立した主体性であり、無限の形態としての無限の対自存在であり、我々がフィヒテの観念論と、神が同時に世界であるといった、すべてを包摂する自我の内に見るものなのである。ここで自我は、あたかも無限の推進力や無限の意志のなかで、観念的にも世界全体に対する支配を自己の内に持っていた、無限の主体性の直接的な形態において、世界全体への支配を持つかのように、意識の対自存在において、すべてを包括する同じ支配を持つのである。

それ故に我々も、マダラ蝶の結合を欠く愚かさのような、すべてを包摂する自我によって、それらの形式的な無限性と実体的な内容を混同し、あらゆる実体的な関心を素通りさせる蓋然論やイロニーに、無限の主体性を認める。「軽快な風で、生を笑い、死を笑い、汝の重荷を背負え。」〈プラトン〉は、蓋然論とイロニーのすべてを創造し、無化する思惟についての言葉である。

第Ⅱ部

第12節　存在の単独性としての孤立した主体性
(Den isolerede Subjectivitet som en Bærens Enkelthed)

我々が自らの無限性全体において、主体性に達する最初の形態は、差異を欠いた無意識的な統一の内での人間の状態である。そこでは、いまだ限定としての他在の概念を持たず、対立にも反対の意識にも達していないが、純粋な経験的確信に従って、ただ自己自身によって、完全に自然的な仕方で自我の単独性を感じている。この点において、孤立した無限の主体性自身は、子供の無限の欲求や無限の恣意のなかに見出されるもののように、制限する限界としての他在を持たないので、まさに無限ではあるが、そこで与えられる唯一の事実からのみ前提されるので、単独の存在、すなわち生に基づく。生とは単独者としての自己自身の直接的な感情であり、主体性の最初の形態である。したがって裸の生は、意識を欠いたあらゆる客観性の支配を含んだ、無限の単独性としての自己感情であり、無限の主体性もまたその最も直接的な形態を持つ。ここであらゆるものは、無限の推進力と恣意である。推進力、欲求、恣意は、まさに無意識で自然的な主体の表現である。それらは理性と法則への対立である。人間が理性と法則の意識に達する時、対象の妥当性が適応される。そこで［客観性の内で］これらの意識は過ぎ去り、人間は、認識と同様に意志においても、完全に主体の単独性の内に陥ってしまう。

　あらゆる子供の発話や要求は、限界のない恣意的なものと見做されるために、どんなものでも捉える欲求に関連付けられるだけである。他者は、単に自我の奉仕者としてしか意味を持たない。自然はどんな堅固な客観性としても意味がない。それは我々が空から太陽と星をとって、子供たちに与えるようなことである。それは主体の限界なき全能性の最も高次な証明には至らない。それは、無理矢理子供を泣かせる時に、ただ無意識な仕方で適応されるような否定の意識を持っていない。

　したがって我々は、如何に主体性が、無意識にも、あらゆるものを捉えるように、自然の貧しさの内に残された人間において、完全な無意識のもとに見出されるのかを理解するのである。ここで主体性は、その完全な自然状態において、あたかも自然から主体の特質が現れるかのような預言的な仕方で、自らを明示する。主体はその自然状態の中心にいるが、単独性を感じるような意志を持った自然である。つまり主体は、自由な精神的自然なのだ。我々はここで主体性を、その無限性全体において、言わば、自我の持つ無限の全能性を夢見る前兆のようなものだと理解する。

　だが主体性は、その最も高次なポテンツにおいて、完全に客観性によって知られず、そこから分離して、同時に主体の完全な無力と総体的な無を示す。どんな孤立した力も激しいイロニーの無である。その無限に解放された限界なき偉大さは、規定性と内容を欠いた無を示し、それによってまさに衝突することで、対立となり、おそらく無限の空虚や無になるであろう。主体性は始めに、認識するための対象を習熟することによって、力と意味を客観性自体から獲得し、それ自身の内在する内奥に、その内容を与えることによって、自由に客観性を従属させる。あらゆる主体の激しさを持つ子供は、その完全な無力の内で、客観性の圧迫に最も苦しむ様子を示している。それは、すべての観念的な全能性の下で、嘆きと涙の絶望の内で、ただその自らの無力さに息絶えるだけである。我々が客観性から分離すればするほど、それはますます敵対的な力として我々を圧迫し、ますます我々は現実においてその力に依存することになる。

第13節 [孤立した主体性の歴史的形態、呪術]

我々が自らの直接的な発話力によって、客観性それ自身を支配するような人間的意志を保持する場合、我々はそれを呪術と見做す。その我意は、単にそれが我意であるという理由で、自らの経験的な意志の生きた鼓動を感じ、客観性それ自身を支配できると思っている。

「ここで人間は自らの固有の力や欲望と、自らの直接的な意志の行為や振る舞いのなかにある。我々が呪術という名で持つ最も初期の形態の宗教は、自然に対する威力である、精神的なものであるが、この精神的なものは、いまだ精神として、自らの普遍性の内にあるのではなく、単にそれは個別的で偶然的なものであり、人間の経験的な意識であるにすぎない」(ヘーゲル『全集』、十一巻[宗教哲学講義]、二二〇頁)[11]。

我々はこのように、民族の無限の主体性を、未だなんらかの普遍性の意識にも止揚されずに、対象の偶然的で本質的な側面の間で、なんの分離すら起こらず、より高次なものとの関係の内でも、虚弱なものとさえ、認識されないものと理解し、意志の観点からは、永続的な普遍性の概念も、それ自身の経験的実存に直面する調和した制約も持たないものと理解するのである。したがって、神や精神や自然の法則を知る民族に関して言えば、人間こそが最も高次なものであり、人間の意志があらゆるものの主なのである。神の支配は、ここではほとんど自らの人身攻撃（argumenta ad homines）によって、敵対的な威力として現れるような、自然に対する支配として出現する。もしもその支配の性質が、まさに対象に対する知識や中間の媒介なしに、自らの単独性において、威力を発揮できると信じる意志であるとすれば、人間の意志は、そのような仕方で、自然よりも強いと考える思考のなかにあることになり、自分の力で自然を所有し、自然を凌駕し、自らの直接的で絶対的な発話力によって、自然を支配できることになってしまうために、我々はそのようなものを自然的な呪術と見做すのである。

このように我々は、無限の孤立した主体性を、例えばエスキモーの内に見出す。彼らについては、自らの経験的な実存に直面する、如何なる本質的な実在も、如何なる神も、自然や精神の中の如何なる対象も知らないと言われる。しかし反対に彼らは、呪い師、所謂アンゲコック[12]を持っており、媒介なしに、自然とその元素に対して直接的な力を奮うことができると信じている（ヘーゲル『全集』、十一巻［宗教哲学講義］、二二三頁）。

また同様に我々は、人間が従属しなければならない客観的な威力に対して、ほとんど何かの客観的な力も、偉大な自然の力や死も認めずに、一貫して自然に直接的な力を奮う黒人たちのうちに、無限の孤立した主体性を見出す。「誰も自然的な死を死ぬ者はないと信じる者は、自然はいわば彼を越える力ではなく、彼が自然を越えるのである。彼は自然の威力が死に至らしめるような何か見知らぬ力であり、強さにおいて自らの意識を高く持ち過ぎている人間である」（ヘーゲル『全集』、十一巻〔宗教哲学講義〕、二二六頁）。「黒人の特徴はといえば、その意識がなんらかの確固たる客観性を直観するにいたっていないことが、まさにそれで、人間の意思が関与し、人間の本質を直観させてくれる神や法律がかれらのもとにはない。アフリカ人は、個人としての自分と普遍的本質としての自分との区別を認識する以前の、素朴で内閉的な統一の内にあって、自己とは別の、自己より高度な絶対の実在については、まったく知るところがない。すでに述べたように、黒人は自然のままの、まったく野蛮で奔放な人間である」（ヘーゲル『全集』、九巻〔歴史哲学講義〕、九〇頁）。「黒人は直接的な主体性である」（ローゼンクランツ『心理学』一八三七年、二六頁）。「黒人は魔術を使うと言っているが、魔術のうちには共同の信仰の対象としての神は考えられておらず、むしろ、人間こそが最高の力であり、人間は自然力にたいしてもっぱら命令をくだすものと考えられている。――自分たちが自然に依存していることは意識されるはずだが、それが自分を超えたものの意識にまではいたらない。彼ら自らが自然に命令をくだすのであって、それがまさに魔術と名づけられるものである」（ヘーゲル『全集』、九巻〔歴史哲学講義〕、九〇頁）。「黒人は死者に命令し、死者に魔法をかけるのだから。こうして、力の実体はつねに個人の主観の内にある。そして、死そのものは黒人にとっては一般的な自然法則ではない」（ヘーゲル『全集』、九巻〔歴史哲学講義〕、九二頁）。

この自然の魔術について、さらにヘーゲルは、以下のように言及する〈ヘーゲル『全集』、十一巻、二二七頁、〈マールハイネケ編『宗教哲学講義』一八二四年〉〉。「これら個人としての個別の意識と、ここでの普遍性の否定は、それゆえまさに威力である。魔術師のうちに唯一の神があるのではなく、魔術師自身が、自然の召喚者であり、勝利者なのである。これが自己自身のもつ無限の欲望の宗教であり、自己自身が確信した感覚的個別性である」。

「自然宗教の魔術師自身は、元素の諸力を操る威力である」〈ローゼンクランツ『研究』、一巻、一一七頁〉。これらの民族もまた、何か別の客観性の概念をほとんど持たない限りで、客観的な威力として自然の概念を持っている。つまり彼らは、事物の必然的な相関性について最も低次な普遍性でさえ止揚していない。彼らの自然に対する優位は、完全に恣意的かつ無意味で、人間性の直接性からも異なっており、自然に対する奔放な支配である。

なぜなら人間は十分に自然に対する支配者だからである。しかし人間はいわば、最初に自然を知ることを学び、自らの主体性の内在的な内容に対する固定的な法則を行使することによって、単に直接的な仕方で、自らの自然に対する威力を奮うことができるだけであるが。そのようにして我々は、初めて自然を支配し克服するに過ぎない。つまり、人間は、敵対的な威力の強さに気づくことで、またその威力の弱さの側面を発見し、その弱さの側面において、敵対的な力を攻撃し、自然の偶然性に抗い、自然を確保しながら、自らの労働において自然を汲み取るのである。

自然に対する支配は、このようにして、いわば自由奔放な人間の認識や意志に対する限界や内容として、揺るがない法則を持つ者によって及ぼされるだけである。

我々はキリストのもとに、自然に対する威力を見出すと同様に、媒介の介入なしに、意志と言葉から外化した自然のエレメントや死に対する威力を見出す。しかしまさにキリストの発話力のように、恣意的で自然的な呪術とは異なる結果が現されることで、自然的な呪術が自らを宣言するような無限の主体とは異なる、そうした本質的な差異がそこに見出されるが、神的な実体と最も高次な結合の内にある主体性のもとにも、思考と存在の法則や、精神と自然の法則が統一された最も高次な自由が見出される。主体性と客観性の完全な統一である、その完全な自由は、それが名づけられる時、被造物において呼び起こされる。「彼が語るとそれは成った。彼が命じるとそれはそこに生じた」。

その反対に、恣意的な発話力と恣意的な行為による自然への影響は、ただそれだけでは無限の主体性の表現に過ぎない。

「これらの魔術信仰の性質は、あらゆる魔術の本質と同じく、人間精神の努力のうちにあって、その自然に対する崇拝は、自ずと自覚され、喜びとなる。人間は自然諸力の支配者たらんとし、自然的な生自体に打ち勝つ。しかし、そのような努力が魂の内でなされるところでは、悟性は世界の経験において男性的に形成されることも、理性に適応した認識において、堅固な思想が発展することもなく、転倒した方向へ進み、無意味な魔術の仕業に翻弄される」（P・F・ストール『オリエント異民族の宗教体系』一八三六年、三四頁）。

第14節 ［精神の支配としての呪術］

自然と元素の呪術に並行して、我々は精神の呪術を指摘しなければならない。なぜならここでそれは最も高次なものとして現れる個別的な意志であり、個別的で経験的な自己意識だからである。

この考察は我々を、精神の呪術が媒介項であり、それについてあらゆることが言及される、アジアの北方民族や、シャーマニズムの追従者たちに向かわせる。これらの民族は十分に、より高次な存在についての概念をもっているが、彼らのその存在についての表象は、無や抽象的な無規定性に還元されるほど弱く抽象的で、主体性を何らかの対立に措定することができない。――彼らの神は、自分たちとはなんの喜びも共有できないほど遠く離れた存在として描かれている。つまり彼らは、神が人間の行為について何も関心を払わないと信じており、人間が冒涜したり、そこから利益を得られるような存在でもなく、神は裁いたり、復讐したりするようなものでもないと信じているため、そのような神は、畏れられたり、愛されたりする対象ではないのである（例えば、P・F・ストール『オリエント異民族の宗教体系』一八三六年、二四四頁）。我々はここで、人が単に神を抽象的で存在論的な規定だと考えて、あらゆる規定性が略奪された場合の、還元化された神の姿を理解する。――「物自体」のような、それについて、それ以上何も言うことができない最も高次な存在は、抽象的悟性と精神の理性的考察の産物であり、統一性、個別性、知的特性の抽象的規定に固執している。

この無規定な存在は、意志に対する否定性のようには現れない。その一方で否定性は、前述の十三節で、外的自然の元素に適応されたが、ここでは、構想力において形態化し、人間を取り巻く、反目的で敵対的で邪悪な精神として人格化されると信じられた、内的自然のなかの畏れや恐怖に適応される。「地球の冷たく暗い領域では、冷淡な意識は幽霊のような表象に解消される」（P・F・ストール『オリエント異民族の宗教体系』一八三六年、二四三頁）。「おもに降霊術は、北方では自然のままの、なつかしさをもって見いだされる。南方では降霊術はより土着化した仕方で見いだされる。これらは、自然の力に対して魔術の威力を及ぼす、人間精神の努力によって生じる。しかしながら降霊術の行使には、自分自身の力で精神世界との交わりから自らを解放する人間精神の努力がある」（『オリエント異民族の宗教体系』二四五頁）。

ここで意志に対する否定として現れるのが、この悪の精神であり、自らの自由な力による信仰と、精神的呪術の表現としての自らの孤立した主体性である。「自分の意のままに霊を操るなかで、巫術師は、自らの呪縛によって彼が偽って呼び出す霊を抑制することで、自分が選んだものと同じ霊に接近し、諸霊の集まりの中から絶えず確実に、個別の、とくに際立った霊を選び出すのである」（P・F・ストール『オリエント異民族の宗教体系』一八三六年、二四六頁）。

グリーンランドについても同じことが言える。最も高次な神、ピルクサマ〔至高者〕を、彼らは崇めたりはしない。なぜなら至高者は、あまりにも偉大であり、崇高であるために、人間に怒りを発したり、人間から騙し取ったりはしないからである。彼こそが「物自体」を超えたなにかである。その一方で、ここでもまた精神の混濁のなかに意志に対する否定性が現れ、彼らのアンゲコックによってピルクサマを呼び起こすために、儀式全体に影響を及ぼす（ホルスト『魔術叢書』第二巻、三二頁以下）。――概して、民族のもとでこの文明の段階に踏み込んだのは、自明の力として背景にあった高次の神であった。これに対して、精霊と神霊の諸力が、固有の力として文明の段階に踏み込んだために、これに対して主体性がその経験的な自己意識の内に現れ、自らの意志の発話力を解き放ったのである。〈もし神がアケロンを動くなら、私は泣くことができない〉。

この呪術は、単に対象に関して前述したものと異なっている。つまり意志と恣意は双方において同じ威力である。双方において主体性は、その直接的な発話力によって、支配すると信じられている。つまりその発話力は、双方において妥当する単独的で直接的な意志である。

この精神の儀式は、二重の恣意を確かなものと見做す。すなわち、最初の構想力の恣意は、存在の確証を持たない対象を、内的に措定することの内に、次の意志の恣意は、内的な克服によって、単に無化され得るものを、直接的な発話力によって、外面的な仕方で無化しようとすることの内に想定される。

精霊と神霊への信仰は、それぞれ異なる形態でのあらゆる民族の下に見出される。人間の依存感情と畏れは、精神世界への信仰において、感覚的な仕方で自らを反省する。それ故に、精神的呪術は、あらゆる民族のもとでの本質的な契機である。このことは、構想力の所産に対立する、実在についての直接的な確信や、何の自立した存在も持たない結合に対立する、一般的な実存と存在の概念を前提にする限りで、客観的意義を獲得しようとする、真の内的な否定と克服である。しかし、精神的呪術が、単に単独的な自我と恣意を前提にする限り、自己と直面する精神世界との感覚的で実在的な結合を齎すことは、あらゆる真の客観性から分離された主体性の表現に過ぎない。

第15節　［呪術と単独性］

我々は、前述した自然と精神呪術が、媒介の介入なしに効力を発揮できる、絶対的な発話力であったがゆえに、それらの内に直接的呪術としての意志を見出したのである。自然と精神のもとでは、呪術によって起こされる儀式でさえ、自らを絶対的なものとして保持する単独の意志である。「実際の魔術的な効力は、巫術師によって行われる呪縛の力、その呪術の力に結びつけられる」（ストール『オリエント異民族の宗教体系』一八三六年、二五七頁）。「魔術崇拝の興奮は、ただそこに居合わせている人間の明白な実在性を現すだけである」（ローゼンクランツ『研究』一巻、一一七頁）。

しかしさらに我々は、この直接的で無媒介的な呪術が、自らの内に、より媒介的な呪術への移行を含んでいると理解する。呪術が恍惚状態のなかに身を置くことや、呪術に儀式が見いだされることには、すでに、客観的なものへの切望や、媒介への切望が暗示される。自我は自分自身の単独性の内に、長く存立したままではいられない。この単独性は、自らを解放しようとする空間畏怖（horror vacui）で、自我を充たしてしてしまう。ある古い迷信によれば、人間は顔と顔をあわせて自分の姿を見れば、必ず死ぬという。主体性には、自分自身として、自分自身を見ることとのへの同様の恐怖があるように思われる。

つまり主体性は、他在における客観化によって、自らを解放しようとする空間畏怖に充たされてしまう。

そのように、単独の意志は、自己とその目的の間にある無作為で恣意的な対象に入り込み、この単独性のなかで、自らの恣意性に閉じこもり、この単独性の力によって、自らの意志を動かすと思っている。主体性はここで何らかの他在を通して恣意的に振る舞う。これは恣意的な媒介の領域であり、直接的な呪術の領域である。ここで自我は、前述した呪術のような、自らの直接的な発話力によってではなく、恣意的に、自らの意志の達成の為の媒介や手段と見做される何らかの他在によって、優勢的であり、支配的なのである。我々は、直接的な呪術の内に自我を見出し、その孤立した恣意性の内に、かなり直接的な仕方で措定された諸対象を受け取る。つまり直接的な呪術において、自我は、何らかの他在を通して、媒介的な仕方で振る舞うが、あくまで自身の主体性が支配的であるような仕方で振る舞うのである。というのも、そこでの主体性は、関係づけと結合の熟知なしに、媒介の本性と因果性を認識し、純粋な偶然性のなかで把握するからである。ここで主体性は自らを、関係づけと結合の暗い意識に止揚している。我々はその主体性を、客観性への絶望的な欲望のうちに見出す。つまり主体は、その孤立した単独性の内では、なにも成し遂げられないと把握するのである。しかし事物の関係づけについての個別性の意識は、いまだ抽象的で無規定的であり、その主体性全体の内に横たわる最善の偶発性を、初めて把捉するだけなので、主体性の仮面のようなものに過ぎない（ヘーゲル『全集』、十一巻、二三八頁以下）。――この中にはあらゆる神的秘術、魔術、恣意的な預言や恍惚状態がある。――主体性は、ここでそれらの神的呪術が働く媒介において十分に示される。このことは無意味で馬鹿げているほど恣意的である。それらが働く秘密に満ちた媒介は、まさに目的と手段のあらゆる理性的な連関の否定である。それらに作用する言葉と呪文は、人間的な言語や人間的な語りの完全な否定であるほど、主観的で把握しがたく、あらゆる客観性から分離した主観性の最高の証明である。孤立した主体性は、現実的で客観的な世界とは異なる媒介によって働き、異なる語りにおいて語られる。

第16節　［単独性と実在性との関係］

我々が抽象的で孤立した主体性の内に見出す次の形態は、単独の経験的な自己意識が、自我自身の捕われた客観性の側面によって、実在的なものに留まる形態である。しかしその形態は、まさにそのようなものとして、ただ自我の影しか見出せないので、客観性の見せかけしかなく、自我の恣意的な運動に依存しており、ただ空虚で、純粋な形式的客観性として現れるだけで、孤立した主体性になんの限界も措定しない。

そのようなものを我々は、アフリカ人たちの物神崇拝(13)で言及された、無限の主体性であると理解する。ここでの個人と神との関係は、神から分離せず、客観的な意義を持つ一つの結合であるが、唯一の結合として個人から分離しているために、個人の恣意性全体に従属している。神性は、ここで自我の意志と欲望で満たされるだろう。そうでなければ、もはやそれは自我の神ではない。すなわち、その神が自我の要求に答えられない場合には、同じように自我の神は捨てられ、新しい神が据え置かれる。もし物神崇拝の対象として、期待していなかった不快なものや不幸なものと出会えば、彼らはそれを破壊し、別のものを拾うだろう。彼らがそれほど信心深く、犠牲を捧げて崇める物神崇拝は、物神が個人の祈りを聴き入れずに、人々が期待することを聴き入れる時には、全く異なる扱いを受ける。その場合、彼らは、自分たちの力と意志の欠乏を非難し、人間の強情さと悪しき意志を非難する。人間が満足できなかった偶像を退けたり、取り替えたり、売り渡したり、偶像に復讐して非難したりすることは、ごく一般的なことである。概して彼らの物神崇拝のカコンゴにおいて、助けを求める居住者は熱を憎む。これらのことが信奉されない場合、彼らは自分たちの偶像のすべてを火に投げ込んでしまう（マイナー『一般批評的宗教史』第一巻、一七七―七八頁）。「黒人たちは初子のなかの最良の捧げものを彼らのまじないのために用いる。まじないに効果がなければ、別の物と取り替えてそれを捨ててしまう」（ヘーゲル『全集』、十一巻〔宗教哲学講義〕、二三六頁）。「これは彼ら自身が直接的に創始した未知の無規定的な力である。物神崇拝は移り変わりが激しく、個人に何かを調達させる手段にまで堕落する（同書、二三七頁）。「そのような物神には宗教的自立性も芸術的自立性もなく、あくまで創造者の手中にあって、創造者の恣意を表現する被造物である」、「こうした仕方で、力の実体はつねに個人の主観のうちにある」（ヘーゲル『全集』、九巻〔歴史哲学講義〕、九二頁）。キリスト教徒が自らの神に「汝の御心がなされるように」と祈る一方で、物神崇拝は、「自分の思いがなされるように」と言う。それが起こらなければ、その神はそれ故に（eo ipso）捨てられる。それはまた現実性において支配する自我である。つまりそれは絶対的なものとしての自らの意志であって、自我とは異なるあらゆる客観性を否定する。

物神崇拝の多種多様に変化する神々は、そのように、自らの分裂と恣意において対象化する個人自身の意志以外のなにものでもない。それらの神々が自我に向きあって持つ独立性は、単に見せかけものである。つまりそれらは単に自分の主である自我の創造物に過ぎないので、自我が望めば、その神々を消滅させることができる。それらは、自我の気まぐれの戯れ、その自我の手のなかの玉であり、幾千の舌を持つ自我の表現である。絶望的で恣意的な分裂のなかで人類は、そこで客観性を探すことになる。ここで主体はすぐさま客観性を発見したと思い込むが、結局主体はあらゆるもののなかで、自らの意志を常に実体的なものと見做し、自分の手の内の働きを拝むことに終始してしまう。

物神崇拝もまた我々がここで自らの無限性全体のうちに見る主体性である。しかしながらそれは、主体が自分に対して措定する客観性の見せかけによって、客観性の犠牲を示す。それにもかかわらず、実際に物神崇拝は、ただ自らを自己直観に齎す個人的な恣意であり、人が自分とは異なる何かとして、自分のために保持しなければならない客観的なものへの自我の要求を仄めかす。そのようにして人間は、生のうちを歩むのではない。つまり人は目的や目標に対して、自身の孤立した主体性の現れを持つのでも、自身の主体的な単独性の観想の内に生きるのでもない。しかし人は異なる形態において自らを客観化するが、それは現実性において主体が固有の自我である一方で、人間が生きるために必要な何かとは別のものであるように思われる。それ故に、人が自らを客観化するのには、あらゆる自我中心主義の諸形態がある。つまり異なる形式のもとで、自分自身を拝む自我があり、実際に彼は、自分自身の姿を拝んでいたにもかかわらず、他者を愛していると思い込む神話におけるナルシズムの形態がある。

第17節 ［主体性の歴史的形態］

無限の主体性の歴史的表現として、存在の単独性や、経験的な意識の孤立した形態としての最終的な形態は、物神崇拝である。対象性［客観性］への欲望は、自ずと示され、すぐにも明らかにされる。自我が内容を獲得する全ては、実体的なものであることをやめてしまう。孤立した主体性として、全ては内容を欠いた空虚なものである。客観性は、内容を獲得するために規定されるべきだが、どんな規定性にも、その無限性の内の主体の制限がある。

客観性は、すぐさま不変性の性質とともに現れる。それは中国の宗教における統一として、その普遍的な皇帝の内に現れる。彼は自然と国家、生者であろうと死者であろうと、全てを支配する者である。ここには統一の概念があり、単独性は他者に対して自立的に分離するものとして現れる。それは二元論的な諸宗教において、主体性に対するある一定の対立や光と闇との対立、善と悪の原理の対立としても現れる。つまりそれは、自然宗教のなかで、自然が個人の力や個別の現象、不変数的な倍数において崇拝されるか、もしくは汎神論や有限性の領域を超えた、個体性の全体的な解消において崇拝されるような実体として出現する。ギリシャの宗教においては、美の理念の制限された主体性が、人間の姿の内にもかかわらず、美しい個性として明らかにされ、再発見される。ローマの宗教では、国家とその目的が制限されるものとして現れる。道徳宗教では、法が意志と心の堅固さを制限する。

我々について、キリスト教的観点以外から言うのであれば、キリスト教以外のあらゆる諸宗教は、主体性の立場にある。というのも、諸宗教は単に客観性を抽象的に把握したにすぎず、現実性の別の個別的な側面を把握したのでも、キリスト教が、最初に獲得した具体的内容を、それらの主体性に与えたのでもないからであり、客観性が、真のキリスト教的なものとして知覚される時には、諸宗教も同様に、単に客観性の全体的な否定によって、その無限の孤立した主体性が、限定されるのを示すからである。

そして最初の千年期にキリスト教の内に見いだされた、普遍的で真正の客観性との本質的な差異である美は、単に結合された客観性や、結合された規定性〈共同性〉であり、その美は、これが常に客観性への移行の連結や梯子である限りで存在し、そのようなものとして、無限の内にある主体性の最も貧しい形態や限界として存在する。

存在の単独性としての無限の主体性は、そのように歴史的現象として、自らの終焉を物神崇拝によって持つ。このことがなければ、世界精神にとって無限の主体性は、世代の発展過程のなかで、意識の夜のなかに後退し、ある克服された段階が失った瞬間の経過や、瞬間の生とその契機があるだけである。

これらの状態にある諸宗教や、呪術宗教や、物神崇拝は、かつてそれらが支配した時代において、歴史的で客観的な妥当性を持っていた。というのも、幼児期の人類[14]は、最近になってそれらの状態から離れて、単独性として対象化されたので、ただ単独性の強力な圧力と単独性の強大な鼓動を感じたに過ぎないからである。自然において強く、意識において弱かった幼児期の人類は、制約としての対自の概念を持っておらず、自己自身をひとつの実体として考えたので、理念的な全能性において、地と天上と地の底にあったあらゆるものに対する自らの意志の指令を下し、生けるものと死んだものの、すべてのものに対する自らの呪縛〈自然の呪術、精神の呪術、死の呪術〉を放ったのである。それらの呪術は、絶望し失われた生のなかに、何らかの対象を得ようと探し求めたので、再び我意に物神崇拝を拒否させるために、無作為な欲望によってすべてを掴み取ったのだ。これらのことは、かつて人類の幼年期において、歴史的に正しく、無限の主体性の形態を持っていたのである。このことがなければ、物神崇拝は歴史的な現存在を失っていたであろう。それらは歴史に対して克服された契機なのである。

第18節 ［単独者と世界精神］

しかし歴史の偉大な形成と段階は、人間の魂のうちにも、個人の意識や発展の過程のなかにも、永遠の範型を持っている。どんな世界精神の形態も、後退する以前には、個人の内奥に永遠の記憶を記しており、永遠に自らを反復する契機によって、主体の意識の内にその客観的な現存在を象徴する。世界精神の古い形態は、個人の魂の内で新たなものとして絶えず再生される。その歴史的形態が後退し、来るべきものに場所を与え、理念の神殿に自ら帰還する一方で、各個人は絶えず永遠に魂の遍歴を繰り返す。人類を支配する者は、各個人のもとで自らを再生する。人間とはただ自然学的な観点ではなく、知的で道徳的な観点においても小宇宙なのである。人間は自らの内奥において、世界精神の契機と段階を反省する。その形態は、世界精神にとっては、死に向かっているが、個人の意識と発展においては、永遠の生を持つ。時代遅れになって止揚された形態は、絶えず新しい形態を促進し、それらの現実的で必然的かつ歴史的な実存の後に、反復する生を導き、ちょうどホメロスの影のように、生ける者の血を飲むことで、ある種の生を得るのだ。その歴史的契機は、永遠に循環する精神的なものにおいて、永遠の生を持つ。その古い形態は、個人の内で新しいものとして生まれ、新しい形態を装う。この過ぎ去った〔展開した〕ものの再生の内に、人間の自由がある。

それ故、単独者は常に心理学的観点において、孤立した無限の主体性を再現する力を持つために、単独の存在は、常にあらゆる客観性の上に立つ権能を持って、客観性を否定する。無限の主体性は、心理学的観点において永遠に循環する現象であり、世界精神の歴史的な形態によって生まれる人間がいる限り、常に現出する契機である。無限の主体性は、個人のもとで永遠の再生を持ち、古代の歴史的形態が懐いた人類の永遠の生を意欲し、世界精神の必然性の内に自らの止揚があるように、人類の自由によって自らの終焉を意欲する。

しかし過ぎ去ったものが、そのように新しく生まれる時には、もはや原初の妥当性を持ってはいない。世界精神の過ぎ去った〔展開した〕契機と段階が個人の内に生まれる時には、それらはもはや歴史的な真理や権利を持ってはいない。その時それらの契機は、もはや必然的で客観的な啓示の形態ではなく、世界精神の新しい形態に対峙し、これを否定するように規定される。つまりそれらの契機や段階は、ただ意識の内に現れるために、新しい時代精神の視座から見れば、克服された契機として、後退するように現れるので、いわば、必然性としての自由に対峙するような時代と世界史の精神を吹き鳴すのである。

なぜなら必然性は、絶えず世界精神が客観化する形態であり、歴史的客観的現象が、心理学的なものに対峙するために、結局諸契機の小波は、各個人の内に平静をもたらすからである。

それ故に、客観的に過ぎ去った契機と段階は、個人のもとで再現されるべきであると同様に、心理学的なものとして、まさに個人のもとを過ぎ去るように規定されるので、世界精神の新しい形態の表現として妥当するような客観性を否定するように規定される。それらはただ意識によって背後に沈潜するために、単に自己を止揚する契機として、再び自己自身を否定する対立として現れるだけである。ちょうどそれに対応する歴史的形態が、より高次なものにとって代わるように、心理学的なものも、支配的な精神や影響力にただ光を与えるために示される影のように、そこで消え去るだろう。心理学的契機や段階は、意識の神殿の中にあるものとして見いだされるだけで、アイオロスが隠れている嵐や、パンドラの箱の霊のように、突然に現れるのではない。

それらの契機や段階は、理念的な意味においてのみ、キリストが受けた誘惑のように、あらゆるものにおいて試みられ、人間と等しくなり、人間的な諸段階を再生し、必然的な契機として示されたものとして、見いだされなければならないが、その契機は、自己自身を否定し、そこで影のように消え去るものとして示されるに過ぎない。

人が過ぎ去った契機を保持する時には、すでに否定性の中に立っており、言い換えれば、世界精神がすでに否定した否定性の中に立っているので、それ故に、各個人も否定すべき否定性の中に立っている。ちょうど契機としての否定性を保持するのが必然的であるように、その契機なしには、そこにはなんの自己知も世界意識もないので、それらの契機が、有限性の内に留まらずに、有限性の内で失われるためには、有限性の止揚は必然的である。なぜなら有限性は、まさに世界精神が終わりに達するところの立場であり、それ故に、そこで各個人も終わりに達するからである。その立場に立つことによって、人は、世界精神が止揚されることで、最終的に明らかにされる領域に自己自身を移行させる。

それ故に、心理学的現象として、孤立した無限の主体性は、歴史的意義とは別の意義を得る。それは歴史的現象としては、自然性の微睡と、意識の夜の内にある人間の必然的な表現であったが、心理学的契機としては、あらゆる時代に客観的に妥当した世界精神に抗って出現する、世界精神の必然的表現である。そこにはもはや無意識の夜はなく、世界に対して輝く光を受け入れることのできない闇だけがある。そこにはもはや世界精神の啓示形態はなく、世界精神に抗って自己自身を措定し、客観的に自らを妥当させる理念に従わない我意があり、克服されるべき立場に移行して、止揚されるべき、より高次なものへの対立のなかにある契機を保持する。そこで我意は、主体に対する限界として、客観的に自らを開示したその限界への対立の内に立って、自らを妥当化させるその精神に抗い、赦されない罪、精神に対する罪を犯す。なぜなら人は時代遅れの立場を保持する時、新しい精神が世界に導いたものを歓迎せずに、精神に対して罪を犯すからである。

人間は有限性と悪の立場にある。なぜなら悪は、まさにより高次な立場への対立の内に措定された、止揚されなければならない立場を保持することのなかにあるからである。世界精神がすでに否定した悪の内で、心理学的に自らを固く保持することは、世界に到来した光に自分の目を閉じて、個人の意識が輝くことを要求することである。歴史の内にあった契機は、個人のもとに生じたある必然性の表現であり、それらが後の啓示形態に対立する契機を保持する場合は、心理学的現象が歴史的意義を与え、契機が普遍性の客観的意義を与えるように、客観的に真なるものを顕現させる啓示形態に抗って高まる我意の表出、すなわち、悪の表出である。世界精神の必然的な発展過程のなかにあるその悪は、単独者が悪をより高次な啓示形態、つまり責めへの対立の内で保持する時に、自らの生を保持し、単独者のもとで生成する。より高次の啓示は、以前の立場を止揚された立場にする。その意味でこれは、キリストが天の国では最も小さき者もヨハネより偉大であると言われたことと同じであり、いわば、キリスト教の精神が、ユダヤ教の精神を廃れた立場にしたことに等しい。この意味で、キリスト教以前のあらゆる宗教は、相対的な意味しか持っていなかったと言える。それらはキリスト教によって止揚されるべき契機であった。したがってキリスト教に対立すると知りながら、前キリスト教的カテゴリーを保持することは、克服された立場を保持して、精神に対して罪を犯し、有限だと示された立場に移行することで再転落し、有限性と死に立ち戻ることである。まさに過ぎ去った立場を保持することでは、人はその立場に少しも心理学的意義以外のものを与えることはできず、歴史的に妥当したその精神に対して罪を犯すように、有限性と死に立ち戻ってしまう。

第19節 ［キリスト教と単独性］

我々は、孤立した主体性が、永遠に循環する心理学的契機として自らを再現し、その心理学的カテゴリーが、意識の段階として特定の時間に制限されないと語った。直接的にも間接的にも、呪術の歴史的形態を振り返ることによって、我々は、それらのカテゴリーが、あらゆる限界を否定し、偶発的で恣意的な媒介による、自身の孤立した単独性のなかで妥当する、人間的な意志であったのを思い起こす。その同じ探求が、あらゆる時代を再現する。神秘家や魔術師の力、悪魔学や潜在霊魂学（Pneumatologia occulta）の知識を使う者は、いつの時代にもおり、自然と精神の世界を支配し、必然性と運命を意のままにできると信じられてきたのである（バルタザール・ベッカー[15]『魔術にかけられた世界』、G・C・ホルスト『魔術叢書、あるいは魔術、呪術、予言術、魔法、魔女と魔女裁判、悪魔、幽霊、心霊現象について』）。我々はあらゆる時代にプロメティウスの思考を見出す。というのも、なにも不可能なことはないといったファウストの探求が、自分の力で宇宙の迷宮に出口を見つけ、その神秘の中に光を見つけたからである。

これがまさに自己自身についての主体性の信仰であり、認識と意志に対する主体性の固定化した客観的限界への否定であり、主体性の無作為で恣意的で無益な媒介である。それどころか、そこにはこの心理学的段階が、個人の集団によって、新しい世界精神に反して高まる時代があり、時代遅れの形式と思われた心理学的契機が、新しい世界精神を覆い隠して、主観的で有限な時代遅れの立場が、真の客観的で歴史的な形態に取って代わる時代さえあった。そのような時代は、構想力と無限の主体性の領域に沈潜し、否定性と無限性の内に自らを拘束したので、世界史の真なるものとの対立において、心理学的契機を保持しながらも、迷信の時代と描かれたのである（バルタザール・ベッカー『魔術にかけられた世界』、G・C・ホルスト『魔術叢書』参照）。

媒介的な呪術の領域は、心理学的な観点において、無限の範囲を持つ。人間が自分の単独性の内に自らを拘束した最初の瞬間に、媒介的な呪術が出現したと言える。知恵の木の果実は、信じれば、眼の色を変え、知恵を与え、神のようにする魔術の産物であったという。つまり神への恐れが知恵の始めとなり、そこで神的な客観性が認識と意志への限界と限定性として出現した時に、恣意的な媒介と媒介的な呪術は、終焉を迎えると言えよう。すなわち一貫して神的な実体がキリスト教的なものとして知覚される呪術の終焉は、初めて主体性に、真の限界と真の内容を与え、目的と手段の真の結合を示すことによって、主体性に真の媒介を示したのである。

その媒介的な呪術の領域は、主体性が恣意的で偶然的な仕方で、自己と客観性の間を媒介するところにも、原因と結果や、媒介と連続の関係がそれらの理性的な結合において認識されないところにも、客観性へのあらゆる衝突が、恣意的になるところにも、至る所に見いだされるので、そこにはただ主体の意志と思いなしの表現や、この世界の知恵と人間の狡知の表現だけがある。

人間が主体性の立場に立つところには、犠牲と祈りがあるか、呪術以外の何ものもないかのいずれかである。それらはこのような孤立した主体性を想定し、方法として孤立した主体性によって自らの力を試み、孤立した主体性において、自身のあらゆる恣意性を犠牲にする。それらはちょうど呪術のように、神性との理性的な連結を欠いた媒介や方法であり、無限の主体性が、抽象的な客観性となんらかの理性的連結のうちにあるのと同様に、わずかにしか連結していない。

それ故に呪術のカテゴリーは、あらゆる時代に恣意的な媒介を再現する。しかし新たな世界精神が有限なものとして前者を否定するように、呪術のカテゴリーも、有限性の領域に残される。ユダヤの律法はすでに実定法において、あらゆる呪術に対する死の刑罰を宣告している（出二十二章十八節、レビ十九章六節、二十七節、申十八章十四節）。

キリスト教が、この世の知恵（*σοφία του αἰώνος τούτου*）を悪しきものと呼んで、それを悪魔［悪魔の知恵］（*σοφία ζιαβολικά*）のせいにする場合、まさにこの世の知恵は、事物の概念的な内包に対して熟知のない、恣意的な媒介のなかに見出されるので、当然の結果として、主体の恣意が想定され、キリスト教は、主体性と有限性の領域に立つことになる。

同様の恣意的な媒介として、パリサイ主義の犠牲や祈りが生じる。〈それのみならず、それらの犠牲や祈りや聖人崇拝と同様に、異教の呪術と恣意的な媒介の領域に縛られたカトリシズム全体においても、パリサイ主義の犠牲と祈りは生じる〉。ただ人間は、宗教的な自己意識の立場に立って、キリスト教の精神自体に本質的に固有な摂理に応答しながら神性を熱望する時、呪術であるような祈りをやめることができる。それは、理性的な相互連関と神性との結合の内に立つ理性的な媒介であるがゆえに、恣意的な媒介に影響を与える。このことは、祈りが主体の恣意の表現ではなく、神的実体によって充たされた主体性の表現であるので、主体性を自分自身の場所ではなく、キリストの場所に求める真のキリスト者の場合に限られる。

キリスト教が概して我意を悪魔のせいにしたように、呪術も我意を悪魔のせいにしたので、キリスト教は、呪術や魔術が異教の文化の中心にあって、宗教的に最も傑出したものと見做す一方で、キリスト教のなかの呪術や魔術も、まったく賢人たちの知恵（σοφία τῶν σοφῶν）が悪魔の知恵（σοφία διαβολικά）に変えられたように、悪魔に原因を帰したまま、それらを創造主に取り替えるという大転換をここで齎したのである。

注解一　キリストが悪魔や悪霊を追い出す場合に、我々がそれを恣意的な呪術とは呼ばないように、神性の充足に基づく必然的な精神の卓越性は、キリストの内に住まいが設けられている。我々は、キリストを神性の意志への不自由な器官とは見ない。なぜなら彼は、人の子として、自己意識によって神性の対象を再現するからである。主体性と客観性の双方は、キリストにおいて、その自由な働きと実存を持っていた。ここでは主体性の側の恣意的な媒介も、まさにこのことのゆえに自らの内容である対象性を持っておらず、客観性の側の恣意的な媒介も、自己意識の内で自由な器官を再現しない。主体性と客観性は、ここで完全に等しい結合において見いだされ、その結合は、神の全能の媒介を限定するが、媒介は空虚で無意味な言葉の力を示すのでも、我意によって生ずるのでもなく、行為において自らを力強く示すので、その結果、書かれた教えとしての不純な精神と悪鬼が、神の言を締め出して失わせたのである。ここには活動する神的実体がある。

それは人が悪魔祓いや、概して人が依存する偽のエクシタシーや、霊感のなかで力を発揮するのと同じ原理であり、自らを神的実在と同一化する程、主体性が失われる程、人はただの神的客観性とその全能性への器官となる。この探求は、我々にインド哲学を思い出させる。ブラフマンは、自然的なものと現実的なものの否定によって、自らを神的な荘厳さにまで高めることができるが、彼が自らの人間的な意識を無化させる時には、彼自身が神化に対して全能であるような、神との直接的な一性にとどまることができる。それ故にこの探求は、人間と自然からの無限の抽象化における主体性のもとにある。


注解二　偽の恍惚状態や預言や霊感とは対照的に、キリスト教は、我々に真の恍惚状態と預言と霊感を与える。

しかし偽の霊感などを持つ、見せかけの呪術や恣意的な媒介の特性は、決して個人に起因するものではなく、それどころか神的実体自体が、この現象においてある種の呪術の特性によって現れるように思われる。なぜなら神的実体は、個人や意識のなかで媒介の契機を跳び越し、個人を恣意的な媒介として用いると考えられるからである。

個人は神的意志の媒体であるが、自由な媒体であろうとするので、自己意識のある自我だけが、神的意志を再現することができるに違いない。これは自由な器官の内にある個人に働くと考えられる。この観点において、これは、キリストが完全な媒介であり、完全に神の子であると同時に人の子であり、一度も自分自身について語らなかったが、神について語り、しかもなお自分自身を理解していたことと同じである。つまりこれは、キリストが上記の矛盾したものから、自らの自由によって再現したものを表現するのだ。彼の恍惚状態や預言や霊感は、主体性と客観性の完全な統一に根拠付けられるが故に、自己意識の明瞭さと静寂さを現す。個人が自己自身ではなく、対象性を意識するところでは、神的意志のうちに恣意的な媒介があるように思われ、このことがある種の呪術の特性を与えて、自らを呪術者として仕えさせると考えられる。これらはすべて真の預言、脱自、霊感に当てはまる。同じことはある程度、時代精神との直接的な結合によって表現されるポエジーや、時代よりも先に到来し、ある意味でその時代区分よりも先に到来する、癒しや奇跡全般に当てはまるために、それらの事柄は、しばしばその時代自身を正しく認識するか、もしくは時代によって認識されるかのどちらかであった。人間は、死後の世界の意識の内で生まれ変わることによって、はじめて自らの真の生を得るのである。世界は言葉で語られる限り、知識（*γνῶσις*）というありふれた言葉の否定のなかでは、より高き声によって理解されない。世界は呪術のような声を聴き、奇妙な言葉に悩まされる。世界は、真理の伝令者の言うことを信じ、異教の呪術が世界自身の外部にあって、荒れ狂っていると信じるが、まさにこのように、異教も、人間の集団を超えた自然の力として、空虚の中に呪術の言葉を溢れさせると考えれば、世界も自分のありふれた言葉と普段の道程に留まるだろう。媒介の契機、真理の反省、意識は、人間的な語りを欠いた人間のための自由な再生である。ここに、上記のものから呪術の場所が見いだされるように思う。

　我々が依然として、異教の預言や恍惚状態や霊感と真のそれらのものを区別し、異教を呪術の範疇のもとで分類する場合、我々はこの世界が必然性の下にあって、異教は恣意的な媒介であると説明し、この世界が現実的で必然的な媒介であると説明する。なぜなら、異教が空虚の中に消えて、自らを主体性と客観性の役に立たない媒介として示すのとは反対に、この世界の意義は、次第に人間のために実現し、それらの内容が人間の意識の中で再現されるからであり、死後の世界は、最後には媒介についての意識に至り、かつて正しく理解されなかった、神的なものと人間的なものとの現実的で、必然的な媒介として示されるからである。ここで媒介は、肉について告知する神性として、精神に対する単独の主体の感受性によって規定され〈それは特質や天分である〉、偉大な意識である人類によって、個人が預言者や神秘家として告知するものをついに再現する。

　見せかけの恣意的なものは、媒介の二元的な形態のなかや、思惟からの存在の分離のなかにあり、そのなかで存在は、個人や瞬間、思想と人類、精神の永遠な連続に属している。しかしそれらのうちにこそ、永遠の発展と永遠の再生が属する神的なものがある。同様の事柄は奇跡と見做される。ここには思考と再生が人類と永遠性に属する一方で、存在が瞬間のもとに見出される。瞬間の立場から見られた場合、それらもまた、呪術と恣意的な媒介の特性を得る。つまり時間と人間性によって知覚され、再現された〈これこそまさに呪術と恣意的な媒介の意義の発展である〉必然的な表現として、必然的な真の自己存在の媒介として、それらも理解される。同様のことは、たとえどんなに瞬間の立場から見られた神的な啓示であっても、それ自身のうちに常になんらかの偶発的なものや、恣意的なものを含んでいるがために、瞬間の内にある人間によっても理解されないが、同様のことは、時間のうちに再現され、人間性についての必然的表現として理解される。これはおそらく神秘であるところの創造以来のあらゆる神的な啓示に妥当するであろうが、もしそうでないなら、永遠に人間の偉大な意識のなかで、再生され、再現されることによって、自らを必然的な表現として示すだろう。この立場から、あらゆる神的な啓示は理解されなければならず、それによって媒介も、その神的啓示の必然性のなかで理解されなければならない。思考と再生が人類と永遠性に属するまさにその神的啓示は、人類と永遠性のためにも規定される。それはただ存在と思考が完全にひとつとなった一瞬の啓示のなかだけに、差し迫った今に属するものとして、瞬間と時間が共に一つとなり、そのなかで自らの誕生と死を同じ今において持つ一瞬の啓示のなかだけにある。これはまさに、それらの誕生のなかにそれらの死を持ち、瞬間以外には如何なる時間も持たない、恣意的で主観的な預言や呪術について妥当する。

媒介や預言や恍惚状態はすべて、恣意的で主観的であろうとも、必然的で客観的であろうとも、人間が自分自身の名について語ろうとも、神の名について語ろうとも、人間が単に自然や我意の声の器官であろうとも、精神と必然性の器官であろうとも、人間が客観的に語るところのその名に依存している。後世の人々の意識は、媒介や預言が、恣意的で主観的であったのか、必然的で神的であったかについて精神を試み、これらに永遠の意義を与える一方で、主観的で有限的な領域を指し示す。

第20節　［主体性と我意］

物神崇拝で示された無限の主体性のように、ただ神を崇める人間の無限の主体性も、ただ自らの意志とその欲求を満たすだけの自我の手段にすぎない神性があるために、それによって自分の欲求が満たされると信じて、心理学的に同様の事を繰り返すのである。神はただ手段として崇められるだけで、自我の欲求を満たさない時には、もはや崇められない。例えば、神々が蜂に立ち向かわなかったので、ホメロスの英雄たちが、彼らの神々に抗った場合、海がローマ海軍を壊滅させたので、アウグストゥスがネプチューンを罰した場合（スエトニウス『ローマ皇帝伝』アウグストゥス、一六頁）、聖ヤヌアリウスが祈りで火山の噴火を止められなかったので、ナポリの人々が彼を打ち叩いた場合（アウグスト・フォン・コッツェブー[16]『ローマ旅行』）、浴するための雨を得られなかったので、スペイン人たちが聖母マリア像を投げ捨てた場合（アントン・カウフホルド『スペイン人』）、最後に、自分の祈りで心が充たされず、ひそかに神から心が離れている者達の場合。自分の神が自我の要求に答えず、自我の欲望と意志を言い表す手段として示されないので、彼らは物神崇拝者が、自らの神を素手で破壊するように、自分の神を思考で破壊する。

これは神性がその真の客観性において感得されずに、主観性の我意との関係において、抽象的で貧しい内容しかない事例である。そこでそれは、主体性が常に客観性を飲み込み、抽象的な限界によって破壊することができる事例である。ただ客観性が、実在する実体として把握され、即自かつ対自的な精神に到達する規定に応じて、神が即自かつ対自的に認識される時にだけ、主体性は、より高次な力を抑制することができ、その力の内に留まることによって、満足を見出すことができる。

第21節［理性主義］

我々は我意が客観的な実体の上に立って、恣意的な媒介の内に現れる形態について語ったので、我意がキリスト教の啓示の上に立つ形態についても語らなければならない。なぜならこれは、思考する理性として、固定され、与えられたものに直面する、世界の内容を探索するうえでの客観的な力だからである。客観的な力は、そのようなものとして、世界の内容の内に自身の最も高次な法則を認識し、世界の内容に含まれる、存在によって語られた自らの理性を理解することで、単に自身の積極的な所与性に留まるだけでなく、そこで初めて真理の認識に至ると考えられる。いったん客観的な力がこの実体との統一に入ると、最も完全な内容として、その統一を受け入れるが、それ自身は、最も完全な形式の内にある内容として、その統一を受け入れる。

このことから我々は、啓示が固定された運動のない直接性や、説明しがたい本性としての不可解なものや、固定された不自由、運動のない贖いへの欲求に留まったまま、硬直化されることなく、啓示として顕されるためには、人間的な主体性が、必然的な契機であると理解する。つまり我々は、啓示自体が何の光も持たないものや、啓示であろうともせずに、ただ暗い語りであろうとするようなものを除いて、人間的な主体性が、死の休息から生へ至る啓示や、内なる光などと呼ばれる啓示の不可欠な契機であると理解するのだ。しかし我々は、それに加えて、人間的な主体性が、啓示によって規定さるのと同じ分だけ、それが自ら啓示に没頭するためだけにあるように、人間的主体性は、真なる啓示によって、自らを意識することができるだけだと理解しよう。人間的な主体性が、啓示の内容を自らその充足と全体性のうちに持つものとして、意識するようになり、啓示によってその内容に対する自らの徴候と欲求が満たされるのを見いだす時に、それは自ら再現し、自身の自己意識の内容を作り出すのである。人が主体性と啓示の妥当性を同時に確かなものだと思い込むところや、啓示が明らかにされる関係において、主体が内容で満たされるところ、啓示が自由のために失われ、主体のすべてが自己意識に至るところに、永遠の契機は、このような仕方で出現する。

この真の媒介に反して、一面的な直観があり、啓示が自分の直接性から離れない直観が、超自然主義の立場で、主体性が啓示の限界を受け入れられない直観が、理性主義の立場である。

この最後のものは、我々に無限の主体性のカテゴリーを心理学的に再現する。そうであれば、何が理性主義の内容なのか？　それは、その内容が抽象的悟性の要求によって切断され、抽象的悟性と一致する限りでの啓示であり、聖書解読や解釈におけるあらゆる理性主義の恣意によっても切断される啓示である。抽象的悟性は、そのように構成的である。啓示にその内容を与える抽象的悟性は、言わば、自分の内容を啓示に対して作り出すと言っていい。

理性主義はそのように、なんの固定化された客観性も知らない。なぜなら客観性は、限定的な主体性と見做されるべきではなく、境界を再現するが、単に思考の地平における抽象的な限界に過ぎず、移行し、運動し、さらに造りだす、この自ら運動する主体性に場所を与えるだけだからである。理性主義は、神性の規定において、ただ自らの意志と有限性を確信するに過ぎない。なぜならそれは、自己自身を神性として措定する悟性の自己神化だからである。それは自らの意志と有限性に啓示を解き放つにせよ、実際には、ただ自らの意志と手の業を拝むだけであり、すべては自分が神に選んだものを崇めるだけで、神性を吹き込んだり、取り除いたりする物神崇拝の恣意と違いはなく、自らの神感情を求めて、最も高次な存在を、取り付けたり、取り替えたりしたような、我々が実際に、フランス革命下で起きた、理性主義の中に見たものとも違いはないからである。理性主義の当然の帰結は、主体性が自らの無限性と虚無のなかで常に終焉を迎えるしかないニヒリズムである。それは恣意的に否定できるにせよ、すべてが無に帰する、内容のないものである（マールハイネケ『学問としてのキリスト教教義学の根本教説』第二版、一八二七年序文）。

第22節 ［主体性の歴史的形態］

我々はこれまで、主体性を最も高次な客観性や、最も高次な存在との観点から理解してきた。我々は主体がこの最も高次な存在の意識に到達できなかったか、もしくは単にその抽象的な存在を把握したに過ぎないという理由で、無限としての主体性を理解してきたのである。人間が最も高次な存在の内で自らを把握する関係について言えば、本質的に人間は、生の内で自らの意志を用いるその用い方に依存している。人間の規定性全体、人間の道徳的、政治的、国内的な学問的生、つまりここでの生における人間の関係性のすべては、宗教に依存する。それ故にキリスト教は、その神の教義に加えて、人間的生の最終目標である神の国の教義を所有した。第一に最も高次な客観性としての神への真の観想から、第二に、人間も、同様に正しい仕方で、あらゆる人間的なものが考えられるべき立場から、キリスト教は人間に関する教義を所有した[17]。だからこそ、逆に言えば、堅固な客観性としての神の否定も、あらゆる客観性の否定も、人間的な生と行為全体において反省されなければならない。我々が神聖な客観性の観点から理解する主体性は、あらゆる行為と生において我々と同じ状態を示している。なぜなら神の認識と自らを実現する意志との差異は、単に生の側面の観想的か実践的かの違いに過ぎないからである。そしてこのことは、それほど違いはないが、一方が一つの根拠を、他方が別の根拠を持つべきであるので、それらは、観照的な側面がただ普遍化する意志であり、意志の実践的な側面が、自らを現実化する衝動としての現存在への観入という新しい結びつきにおいて存立する。

我々はそれ故に、意志に関する無限の主体性の歴史的表現として、認識についてなんの堅固な客観性も知らなかった同じ国民に帰属すると考えられる。「わがままが絶対力をふるい、それが直観できる唯一の確固たる客観性をなすようなそういう段階にある精神は、いかなる一般観念も知らない。だから、黒人は民族というものを完全なまでに軽蔑していて、法や共同体のありかたも軽蔑を基本としている。

死者の霊が現れることはあっても、魂の不死についてはなんの知識もない。人間は、信じられないほど価値のないものとされ、暴虐も不正とは見なされず、人間を食べることも広く行われている許可事項である。わたしたちなら人間を食べることを本能的に――人間に本能があるとしての話だが――避けるが、黒人はそこがそうではなく、人間を食べることはアフリカの原理に合致している。感覚的な黒人にとって、人肉は単なる肉という感覚的な存在にすぎないのである」(ヘーゲル『全集』、九巻〔歴史哲学講義〕、九三頁)。

ここでもまた、人間の価値や人間の生の尊厳や人間の行為や行動が問題なのではない。法や道徳の意識に到達していない人間のもとでは、あらゆるものが自らの我意のままに意欲し、主体が自らを正当化するために認識するに応じて、人間たちは肉に対する肉、狼に対する狼として互いに対立し合い、同じ正しさを主張するだけで、より強きものがより弱きものを飲み込み、より賢いものが劣ったものを圧倒するという、自然本性としての動物性が適応されただけであった。それ故に人間は、このような民族の下で未だ存在価値を持たない何かである。人は虐殺し、むさぼり、互いに殺し合う。その歴史はほとんど人肉食と奴隷売買という言葉に尽くされている。「彼らは常識的に名前さえ知らない。愛や感謝や友情でさえ、彼らは知らない」。エゴイズムは明確に彼らの本質的な人格的特性であると引用されている(エドゥアルト・リュッペル『ヌビア、アラビア、アビシニアの踏査』)。所有は彼らにとって何の意味もない。所有として彼らが所持する唯一のものは、武器である。一瞬の身体的な優越性が彼らの精通する独自の支配を保持する(『南アフリカの異民族のもとでのキリスト教の普及の歴史』ベルリン、一八三二年、三三一頁)。

ここには単独的な存在に対する客観的な限界はなにもない。それ故にここには根本的に意志についての問題がない。というのも意志は普遍性と個別性の二つの契機によって構成されるからであり、そこで唯一の普遍性として、自己自身を措定する最後の契機が見いだされるからである。ここにはただ主体性の直接的なものと、自然的な感情の表出だけがある。それ故にここには自由と必然性の問題もない。なぜならこれらは、常に主体的か客観的かの契機に基づくからである。またここには負い目と法の問題もない。なぜならこれらは常に主体性と客観性との対立に基づくからである。ここにはただ自己自身であろうとする主体性の問題があるだけである。それ故に個人の支配は、それが続く限り繰り返され、独裁制や暴政において、我々に同じ孤立した主体性を生み出す。「粗野な感覚は独裁権力によっておさえるしかない。——黒人の国家には国王のほかにつねに死刑執行人がいる」（ヘーゲル『全集』、九巻［歴史哲学講義］、九五頁）。

しかしながら、ここでは国家体制は実際に問題ではない。なぜなら時代とは別に人間について考えると、人間が何か別のヘゲモニーに従うのは、単に主体が自らを解放する機会を得て、既存のものを否定し、それと自らの固別性を取り変える時までだからである「つぎに国家体制の基本的特徴を見なければならないが、社会全体の特徴からして国家体制なるものが存在しえないのはあきらかである。精神のこの段階では、感覚的なわがままが強く自分の意思をおしとおそうとする。家族道徳のような精神の一般的規律がいまだ確立されず、全体を支配するのは人間の内面にあるわがままな心にすぎない」（ヘーゲル『全集』、九巻［歴史哲学講義］、九四頁）。物神崇拝に対して我々が見たその同じ自我の無限の恣意を、我々はあらゆるものに対して見る。「黒人は直接的な主体である。彼らは過去の追憶にも未来の形象にも関心をもたずに、ただ現在だけを知る。瞬間が彼らの神であり、彼らの宗教のなかでさえ、物神崇拝のこの願望が造りだされる」（ローゼンクランツ『主観的精神の学としての心理学』二六頁）。「彼らは世界史の請求を体で、生の請求を不運な直接税で支払う」（ローゼンクランツ『主観的精神の学としての心理学』二七頁）。その一瞬の自由によって、彼らは奴隷でいなくて済んでいる。だから我々がここで見ていることは、客観性から最も分離した自由を確信させるが、現実にはその自由が、ほとんど奴隷の圧迫とその圧迫の隷属の下にあることも確信させる。

無限の主体性のこの意志は、歴史的現象として、自らの必然的な権利を持つ。しかし歴史は、自然状態のなかにある人間が未だ種として生きていて、個人の妥当性に到達していない、これらの民族の自らの限界をこの意志に示している。

第23節 ［心理的契機としての主体性］

それに反して、心理学的契機として無限の主体性の意志は、特定の時代に制約されずに、永遠の再生を持つ。その再生は契機として、人間が真の意識に到達するための必然的な条件である。人間は個体の差異と隔たりのあいだに、種としての自己自身の意識を、量のもとに、自らの普遍的な質についての意識を持たなければならない。つまり人間は、心理学的契機として、永遠に無限の抽象的な主体のカテゴリーを再現しなければならず、各自の普遍性から自らの個別性を抽出し、あらゆるものから抽出された人間として自らを把握して、人間的な正しさと妥当性を持たなければならないのである。このことの故に、あらゆる意識は、人間の価値に依存している。——しかしこの心理学的契機は、それと全く同じだけ過ぎ去るように規定されている。なぜなら人間は、種とは別の重要性を持っており、そのような抽象的な人間や抽象的な人間の価値が、宗教的、道徳的、政治的関心において、単独の意志に限界と内容を与え、客観的、歴史的に正当化したものの内に、自らの否定性を持つからである。このこととの対立のなかで、一面的に我意の孤立した主体性が保持されることによって、心理学的契機は、時代遅れの歴史的意義を与え、その歴史的意義は、客観的に正当化された契機に反して高まり、世界精神の新たな形態に背くのである。孤立した主体性は、抽象化された人間の状態の内ではもはや人類の歴史的な表現ではないが、すべてのものから意識的に自らを分離し、あらゆる客観性を越えて、自らの固有の単独性を措定するような我意として高まるのである。というのも我意こそが、あらゆる規定性を抽象化するための絶対的な可能性であり、「死を覚えよ」(memento mori)という否定的自由だからである。しかし我意は、客観性とのあらゆる接触を、法や道徳の中に自らの自由と自己自身を再発見するのでも、歴史的、客観的な規定性の中に自らの内容を発見することでもないひとつの制限と見做して、ただ客観性との接触を無化し、否定し、破壊し、制限としてのあらゆる内容を飛び越すことによって、ただ自らの自由と意志の妥当性を感じると思うだけなので、自我の恣意の故に、あらゆる実体的な関心を倒壊させるのである。——ここで自我はあらゆる内容を転覆し、ただ実際に自らの自由を試みるために、あらゆる客観性に抗して自らを規定し、自ら抽象化された人間の永遠の妥当性を確信する。つまり自我は、自分自身と他者の創出の永遠の否定である。自我は何の目的や意図もなしに、またそれらによって自らを内容においてより豊かにすることも、何らかの肯定的な結果を残すこともなしに、あらゆる内容を呑み込む。――すべてが、確実でより高次なものとの関係において、空虚で無意味なものだと思われる時、このより高次で無規定なものは、空虚な普遍性の形態を装う我意以外の何物でもないために、あらゆるものを欲する。「これは現実性へと転覆された自由の空虚さであり、宗教と同様に政治的な意味で、あらゆる既存の社会的秩序を崩壊させようとするどんな組織をも壊滅させるような、何らかの秩序を打ち立てようとする狂気であり、再び勃興しようとする個人に疑いをかける排除である。この否定的意志は何ものかを破壊することによってしか、自らの現存在の感情を持つことができない」（ヘーゲル『全集』、八巻［法哲学］、三八頁）。

フランス革命下の恐怖の時代は、我々にこの現実化した否定的自由と意志を示した。それは、あらゆる客観的な規定や制度の否定のようなものであった。最も高次な存在の否定において自らの全能の恣意を示した我意は、人間的な法と権威の否定において、我々に同じ恣意を再び示した。ここで原理はまさに各々の量的規定への対立の内で一面的に保持された人間の抽象的な意識であった。つまりここで種として自らを再現し、あらゆるものから抽象化される人間は、各々の規定性と、限界の否定とその一面性のなかで、この契機を保持したのである。人間はただ他者にむけて創られた単独性と、自然性としての人間に対面するしかなく、そこでは全ての者が自分自身の自我の内に、自分の法をもっただけであるから、このことを自我全体の恣意によって妥当化させるしかない。種としての人間の抽象的な意識から出現した革命も、他者の否定として自らの単独性の内に自己を把握する我意から出現した革命も、すべてのものから抽象化された人間から出現したどんな革命も、自らの永遠の人間的な法と妥当性の内で自らを把捉している。――結果として明白なのは、どんな根本的な革命も、人間が歴史的にただ種としての自己自身の意識を持っただけであって、我々にその自然性全体の野蛮さと扱いにくさのなかにある人間を示めした、その時代の像を、再び我々に示したということである。

これに対して我々は、個人の意識の内に集中する時に、あらゆる専制君主や暴君のもとに、この意志の孤立した主体性を理解する。ここにはまさに普遍的な意識の内で歴史的に正当化されたものを無化し、法に代わって命令を下し、あらゆる実体的な関心と客観的な限界に、単独の自我の無限性や夢中にさせる恣意を引き起こす我意である。我々はしばしば、如何に孤立した主体性が、実際に、各々の限界とあらゆる客観的な内容の否定として、自己自身を神との等しさにまで位置づけるのかに気がつく。物神崇拝におけるのと同様に、結果として起こる国家主義においても。同じことは事実、ローマ帝国のもとでの独裁政治の絶頂期において言及される。「彼は自らをただ神とは呼ばないが、自らをどんな法も与えることの出来ない無制約的な力であると思っている。異教の宗教の趨勢はこの頂点を越えることができない。というのも神々の人間化は、ここでは単に即自的ではなく、意識において齎されるからである。人間とは生成した神であり、それを知る者である」（ローゼンクランツ『研究』一一七頁）。「そこでこの世界の主は、現実の諸力の総括概念であると自認する巨大な自己意識であり、自分は現実の神であると心得ている」(ヘーゲル『精神現象学』二六三頁)。

第24節 [主体性と無化]

まさに無限の孤立した主体性は、意志について、あらゆる内容の否定であるように、感情についても、感情の内容と対象を消尽し、飲み込むことを目的とする主体として自らを示すだけである。このことは、個人の感覚に向けられた何らかの自己規定や自律性の結果として生じるわけではない。ここで主体は、感情の内容ではなく、内容を規定する単に直接的な感情そのものにすぎない。自我は、自己を欠いた非自律的な対象との関係において、無限である。欲求と欲望は、それらの対象と単に否定的にしか関係しない。というのも、それらは対象を自己のものにする一方で、対象を消尽し無化してしまうからである。それらの仕事はただ破壊的である。主体は欲望や欲求を越えることができない。主体は自分の自由それ自身から欲求や欲望を分離せずに、それらを分離しないための理性的な関係において措定してしまう。このことは自然的な欲求全体によって飲み込まれ、主体は失われ、欲望の内で根拠に帰還する。あらゆる享楽に起因する主体と客体との対立の止揚は、ここでは自由で平等な媒介よって起こるのではなく、主体を空虚な無限性へ至らせる客観性の全体的な無化によって起こるのである。

認識と意志について孤立した主体性をその歴史的形態において示した民族は、感情と欲望についても我々に同じ形態を再び示す。感情の対象を消尽し、飲み込むことを目的とするだけの快楽は、純粋に否定される特性の要点である。一夫多妻制は、彼らにとってその痕跡全体と恣意における彼らの感情の歴史的表現である。愛と恋慕に戯れる関係について、そのような関係に基づく結婚生活は、なんの痕跡も残していない。一夫多妻制は、彼らによって支配され、どんな人数にも制限されない（『南アフリカの異民族のもとでのキリスト教の普及の歴史』二〇頁）。彼らの言語において、処女と妻を区別する名称がなにもない。近親相姦はなんの罪でもない（同書、四四頁。エドゥアルト・リュッペル『ヌビア、アラビア、アビシニアの踏査』四四頁参照）。

無内容は、彼らの単独性における感覚と感情に対する自己規定によって現れる。あらゆるものは無として再び否定されるためだけに現れる。

第25節 ［孤立した主体性とニヒリズム］

心理学的現象として、この孤立した主体の感情は、本質的なものがただ存在として措定されるところで、つまり単独性における主体にとって、存在する直接的なものが措定されるところで、言い換えれば、孤立した知覚として措定される至る所で自らを反復する（キュレネ学派）[18]。本質的なもの〈善や真理〉が、抽象的な普遍性の内で把握されないために、それらの感情は、意識のなかで無規定的に反省された存在として、個人との関係のなかで規定され、措定されなければならない。つまりそれらは、主体の単独性のなかに結節点を持たなければならず、主体の知覚と感情が求められなければならないのである。なぜならこれがまさに単独者としての自己自身の意識だからである。

この幸福主義的契機は、本質的にあらゆる客観性［対象］の現実化に属している。諸対象は主体の欲求に積極的に関係しなければならない。主体もそれが客観性を実現するように、自分自身の単独性を実現しなければならない。それによってはじめて主観と客観との対立が止揚され、それによってはじめて律法の光が生じ、主体の本性と存在の関係のなかに義務が措定される。しかし主体が一面的に保持されると、主体の欲求と知覚が単に契機ではなく、原理に対して保持されるために、単独性は、そのように限定するものにまで拡張され、我々に、主体の欲望と感情を、その悪しき無限性全体において示すようになる。感情と欲求の内容は、快さについての単なる偶発的な概念によって、主体に直面する自律性が現れる度ごとに失われてしまう。主体の知覚が規範となる度に、客観性は、主体性の痕跡全体と可変性に従属する。マールバッハは、『哲学史』のキュレネ学派に関するところで、「規範は気質（die Affectionen）（*παθη*）であり、それはもっぱら知覚されるだけで欺くことがない。ところが気質を生じさせる規範については、知覚することができず、欺くことがありえる」と述べている。

「キュレネ学派は欲求を内容として把捉した。キュレネ学派の主要な流儀は、真なるものと善なるものの規範であるべき知覚（Empfindung）である」（ヘーゲル『全集』、一四巻［哲学史講義］、一五三頁）。あらゆる対象はその時、主体の自己感情によって、知覚の内容として選択され、再び主体の可変性によって、恣意的に否定される。主体がある瞬間に追い求めるものは、次の瞬間にはどうでもよいものになる。ある時に満足させるものは、別の時にはそうではない。快さに関する主体の決定は、その無分別な感情の内容の規範であり、自身の自然本性的な衝動以外の何物でもない。

無限の主体性の最終的な結果は常にニヒリズムである。ここでもまた同じである。無限の知覚と感情はなんの感覚も持たないものに終始する。感情と知覚があらゆる内容を経験し尽くして、あらゆるものがそれらの媒介され得ない単独性に影響される時、最終的に、感情と知覚は、もはやどんなものにも作用され得ない状態になる。それらはあらゆる内容を否定し、自らを否定するまで存続する。単独者としての自己自身の意識は、そこで抽象的な普遍性や無差別や無感動、あらゆる実在性と自己自身のなかでの生の空虚な過ぎ去りとなる。感情は単独者としての自己自身の意識である。人は抽象的な無差別の内にあって、もはやなにも感じることができない時には、この意識は、無制約的な単独性としての自己についての意識に、つまりあらゆる内容が消尽された空虚な普遍性となる。

生を輝かせ始める主体的な享楽も、始めに生を所有した主体の単独性の内で、直接的に反省された生の多彩な戯れも、自己の枯渇した内容のための充足を求めた生の多様性や欲求も、あらゆる生の内容と生それ自身に対する無差別に終始してしまう。そこで生と死はひとつになるのだ。生という、この自らの単独性の直接的な知覚は、精神的な死と同じ無感動や無差別の空虚な普遍性になる。外界のあらゆる知覚が無化される状態では、もろもろの感覚は死んでおり、感情は無力であるが故に、単独性のあらゆる意識が止揚されている。

満たされた享楽は、大抵の場合、自殺によって、如何に孤立した主体性が自己自身を無化し、最も直接的な単独性の意識から、時の経過で無制約的な普遍性に、すなわち死に至るかついての実際的な証明に終結する。

孤立した知覚に基づくあらゆる生は、すべての内容が飲み込まれる状態となり、客観的なものがどうでもよいものとなることによって、主体性自身が無となる、ニヒリズムや無関心主義に終結する。

このことはキュレネ学派の結論としても示される。あらゆる生の内容に対する無関心や無感動や自殺は、彼らの首尾一貫した結果である（ヘーゲル『全集』、一四巻〔哲学史講義〕、一五八頁）。それによってキュレネ学派は、快さへの否定が限定性と、あらゆる外面的な単独性に対する生の独立性となる、キュニコス学派[19]への移行を自らの内に含んでいる。「キュレネ学派が主体的な人格の独立を得ようと努力することによって、生活環境のあらゆるところに享楽の源泉を求める一方で、キュニコス学派は、同じ目的を想起することによって、他の目的とのあらゆる関わりを最小限度にまで軽減しようとする。彼らは欲求の無さのうちに独立性を求める。精神の自由の真価は、両者の方面で発揮される。つまりキュレネ学派のもとでは、自分のものにすることによって、キュニコス学派のもとでは、すべてのものが主体にとって生き生きとしたものと観想することによって」（マールバッハ『哲学史』九三頁）。

それ故にキュニコス学派は、外的対象を畏れる意識として、普遍性の形態における単独性を把握するのである。それによって、キュニコス学派は、孤立した自己内存在における主体性への移行や、思考の孤立した主体性への移行を形成し、キュニコス学派の原理をストア主義において獲得するその発展において明瞭に示したのである。

原注

（1） レーナウの『ファウスト』（一八三六年）。オーストリアの詩人、ニコラウス・レーナウ（Nikolaus Lenau）の戯曲で、神と人間における懐疑・不安・絶望を主題にする。アドラーは、マーテンセンの「レーナウのファウストの書評」を読んで、存在と思考を分裂させる、マーテンセンの「絶対的懐疑」をここで言及する。

（2） 旧約聖書・創世記の創造物語の一節。

（3） 「我在る、ゆえに我考う」（sum ergo cogito）は、デカルトの格言とは逆に、思考に対する存在の優位性を表す。アドラーは「われ思う故に我あり」を弁証法的な相関関係に置き換えることで、この格言が完成すると理解する。それ故にこれらの格言は、思弁的論理学の思考の法則のみならず、実存の法則（Existentsens Love）をも表す。

（4） ヘーゲル『大論理学』からのこの引用は、自然が思考に由来するのであれば、思考が恣意的で形式を欠いた混沌になることの例である。学問の関心として自然は、それ故に思考の形式と概念の内に備わっていなければならない。思考なき自然は無意味であり、自然なき思考は、存在しないキメラである。自然と思考は弁証法的な概念を表す。

（5） ローゼンクランツ（Johann Karl Friedrich Rosenkranz）は、『ヘーゲル伝』などで知られる、ヘーゲル中央派のドイツの哲学者。ハレ大学、ケーニヒスベルク大学で教鞭をとる。

（6） ルドルフ・ヴィーンバルク（Ludolf Wienbarg）は、ドイツ三月革命期以前の作家。『美学出征』は、当時デンマーク領であったキール大学で行われた美学とドイツ文学に関する講義であり、同書は一八三〇年代に「若きドイツ」と呼ばれたハインリヒ・ハイネら新進気鋭の作家たちに影響を与えた。

（7） ヘーゲルが『法哲学』序文で述べた言葉。現実的なものはすべて合理的であり、合理的なものはすべて現実的であるという意味。アドラーはこの格言をも、存在と思考の関係と同様に、理性的なものと現実的なものが、弁証法的相関関係にあると理解する。現実的なものの制限は、理性的な思考の照合の内にあり、真の理性的な思考は、現実性の直観と対象の反省の内にある。アドラーはヘーゲルのこの格言を、悪無限の特性のように、あらゆるものの現存を肯定するものではないと理解する。

(8) 概念は実在性との実現過程において理念となる。理念は現実性における概念の実現であり、ここでは端的に神と同一視される。
(9) アドラーの「孤立した主体性」は、ポール・メラーの『不死性の証明の可能性についての試論、あるいは存在論とカテゴリーの体系』で言及されるニヒリズムや、キルケゴールが『イロニーの概念』で提示した「近代のイロニー」と共通の問題を持つ。
(10) アドラーはここでヘーゲルが批判する主観的自由を踏まえながら、独自の主体性論を展開する。アドラーの孤立した主体性は、あらゆる客観性や、外的世界、人倫の秩序を否定し、美や正義、真理の規範を主観性の能力に帰着させる。
(11) ヘーゲルの『宗教哲学講義』の呪術の分析は、孤立した主体性の最初の歴史的形態として理解される。呪術は主観的な意志で自然に命令を下すという意味で、最も原初的な宗教的思考に分類される。ここでは主観性と神的なものは未だ分離されず、神的力が主観性的自由に属すると見做されるために、孤立した主体性の歴史的起源と理解される。
(12) アンゲコック。グリーンランドのイヌイットの間で信奉される霊媒師。グリーンランド人の病を癒し、窮乏を救うという。
(13) ここでアドラーは、ヘーゲルの『宗教哲学講義』の呪術から物神崇拝の移行に言及する。物神崇拝の段階で個人は、神的なものを純粋な外在性それ自身に求めるが、その概念は皮相で表面的なものである。神との慈悲深い関係は、完全に個人の恣意的な意志に依存している。
(14) 人類の幼年期に言及されるように、それらの歴史的段階は、アドラーによれば、各個人の発展段階の形跡である。それ故に歴史学と心理学は同じ主題を扱う。
(15) バルタザール・ベッカー(Balthasar Bekker)は、一七世紀オランダの聖職者、デカルト主義者。魔術研究で知られ、ヨーロッパの初期の啓蒙主義において影響を与えた。
(16) コッツェブー(August Friefrich Ferdinand von Kotzebue)は、一九世紀のドイツの劇作家。帝政ロシアのスパイ疑惑により、ブルシェンシャフトの急進派であったカール・ザントによって殺害された。

(17) アドラーによれば、キリスト教は、実体的で客観的な神と、主体の分離という孤立した主体の問題の解決であり、キリスト教信仰において個人の独立性と自律性は、放棄される。キリスト教は個人の孤立した主体性に対し、世界の客観性を現すからである。

(18) キュレネ学派。紀元前四世紀の快楽主義哲学の学派。キュレネ生まれのアリステッポスに由来するとされる。アドラーはここで、キュレネ学派の本性的な結論は、自殺と無関心主義であるとしたヘーゲルの言及を踏まえながら、孤立した主体性の自己否認的な特質について言及する。

(19) キュニコス学派。アンティステネスを祖とする古代ヘレニズム期の禁欲主義哲学の学派。自然に従う生活のうちに完全な無欲と独立を得ることを理想とした。犬儒派ともいう。

フレデリック・クリスチャン・シバーン

『現代との関係において考察されるヘーゲル哲学に関する論評と研究』「ヘーゲル学派において矛盾律が扱われる仕方について」(一八三八年)

第1節　矛盾原理

〔ヘーゲル学派の矛盾律〕

最近の矛盾原理に向けられた論争全体(訳注1)は、それが実際には何を意味するのかについて、適切な説明がされなかったことがはっきりするようである。この論争に関する多くの見解は、著者が単に何冊かの本を参照しただけか、またはその妥当性において絶えず主張される現実の生きた思索の中で明らかになるものを探求する代わりに、そこで見出された公式を保持しただけであったことを示唆している。実に奇妙なことであるが、常にアリストテレスを真の思弁的な思想家として扱ったヘーゲル自身は、アリストテレスが特に矛盾原理の最高位（Suprematie af Contradictionsprincipet）(訳注2)を強く論じたことを何一つ示めさず、おそらく考えもつかないでいるが、この問題の争点が語られる時、彼はこの問題を性急と捉える人たちが奇妙な強調をしていると言う(1)。

思惟にとっての矛盾律の普遍的な妥当性は、それが実際に何を目指すかについて考える人であれば誰にでも明白でなければならない。矛盾律は単に一貫性の原理（Conseqventsens Princip）であり、それ故デンマークでは、トレショウ(訳注3)がそれをずいぶん前に一致の原理（Eenstemmigheds Principet）と称した。あらゆる思惟は、この法則が全てを包摂しており、思惟にとって普遍的に妥当する仕方で、この一貫性の原理に、完全な敬意を与えなければならない。しかしながらヘーゲルは、ある種の矛盾の形式において現れるところにはどこにでも反対対立があると示唆し、そこから「逆の仮定の定立」が、つまり自己矛盾が結果として生じるようである。ヘーゲルによれば、解消され得るこの種の矛盾は常に存在しているので、このように思惟は、止揚に向かって運動すべきであるという。

しかし、そのような矛盾〔実際は反対対立〕が、首尾一貫的に徹底された思惟において解消されると仮定され、そうでなければならないというのが要求であるなら、まさしくそのことによって（eo ipso）、矛盾原理は擁護される。反対対立の一定の可能性の要求と、互いに向かい合って生じる反対対立の諸規定は、全てのものが存在すれば、全てのものは主語であり、全てのものが関係によってのみ妥当するという際限のない相対性の中にそれらの根拠を持っている。この実在に関する無限の弁証法の内では、全てのものはあり、また同時に際限のない仕方でない。しかしこの弁証法は、まさにこの連続的な流動性（continuerlige Fluiditet）の中での連続的な一貫性によって、弁証法であるのだ。弁証法は厳密に、一貫性と調和の真の総合的統一であり、移行、変化、交換や、互いに向かって生じる反対対立の形式において争いと闘争を伴った調和的統一である。その絶え間ないエリスの背後と、彼女の王国の中心において、全くエリスの意味においてのみ支配するエロスが支配する。(訳注4) 統一のために反対対立の統一がある。

反対対立というものは、関係の多様性を表している。それ故アリストテレスが明らかにしたように、古代人は所与に対してある反対が生じる意味を、その反対が考えられる場合は、それはもはや同じもの（*τὸ αὐτό*）ではないか、あるいはそれはもはや同じ側から（*κατὰ τὸ αὐτό*）考えられないか、同じ関係（*πρὸς τὸ αὐτό*）か、同じ時点（*ἐν τῷ αὐτῷ χρόνῳ*）からも考えられないと宣言することができたのである。ヘーゲルは、始めに有を無と同じものであるとしながら、さらにまた無と同じものではないとしている。その場合、純粋存在はその無規定性のために（um seiner Unbestimmtheit willen）無と一つであると説明され、しかも次に、存在と無が相互関係的に存立する二つのものとして、互いに向かい合って起こるとされ、さらに互いの内に移りゆくことによるのが、第三項から、つまり「生成」[訳注5]からとされる場合に、存在はもはやその純粋な無規定性において考えられているのではなく、不確定性と空虚から生じたある存在（som gjør dette ubestemte og Tomme til ein Seyn）が考えられていることは明白である。同様にしてその不確定性と虚無から生じた無も、ある無（ein Nichts）へと移行しているはずであり、それによって、その直後に何かあるものにたらしめられている機能も、もはや存在の機能に連結していないのは明白である。[訳注6]

〔矛盾律と一貫性の原理〕

この一貫性の原理の妥当性を認識する必要〈それは自己矛盾を禁止する〉は、非常に緊急なので、矛盾律の妥当性を争うとする誰もが、それでもやはり、彼がそれを争おうとしていた思惟の連続性の中でも一貫性が要求されるので、一貫性の法則の庇護のもとでしか、矛盾原律の妥当性を争うことができないのである。彼は自分の反対理由が一貫性のなさに満ちているので、そうするべき権利があると認めることができない。矛盾律の普遍的な妥当性の争いは、必然的にこの争い自体の争いへと至るのだから、矛盾律が普遍的に妥当すると、それは再確立される。驚いたことにへーゲルは、この明白な論点を見落としている。もし彼がこの論点を見ていたならば、論理学の第二節中の注解のうちの一つの中で、矛盾について議論する項目を奇妙な場所に移さなかったであろうが、彼はすっかり普及しているに違いない思惟の進行の法則として、ただちに端緒から矛盾を導入する必要を見て取ったのだろう。彼は始めから進展が生じるに違いないし、この進行中に一貫性があるに違いないと想定している。確かにこのことは最初の思惟の運動と概念の中で想定されている。このことは、次のようにアリストテレスによって要求された場所の首位を、彼が矛盾律の争いに認めることによって、その法則について議論するべき適切な場所となっていたであろう。

しかしまだ本当の始めではない。思惟の運動はまず始めに起こらなければならない。我々は思惟の運動の中の一貫性について議論する前に、まず思惟の運動を持たなければならないのだ。ヘーゲルによればそれは「移行」（Uebergehen）である。この「移行」に関するそれ以上の説明は、ヘーゲルの中では何も与えられていない。我々は単にそれが起こった時にそれについて聞いているだけか、彼がそれを措定した時に、その最初の時の適応がやって来るのを聞いているだけだ。もし彼がいわゆる同一原理を適切に導入していたのなら、ここでそれを措定する適切さは、論理学の最も高次な原理に対して早まった判断をしないすべての読者に明らかになったであろう。つまり概念はそれ自らによってたとえどんなにそれ自身を残そうとしても、それ自身を残すことなしに、それ自身を超えて消え去るというのが、この同一原理の意味なのである。ヘーゲルの言葉でそれを言うならば、—自らの他在の内に（in seinem Andersseyn）——それ自身の内にあるもの以外の何ものもないので、これによってその他在は、それ自身の内にあるものに成るのであって、それ自身の中へと後退する。判断の形式もその端緒に導入されなければならず、基礎付けられる必要もあった。ヘーゲルは自分の体系のなかで、未だ発展しきれていない根源的な内的分割〈主観化〉を前提する際に、最初の存在論的な諸規定において、基礎付けをしないように選択して、それが不適切だと説明しているが、それにもかかわらず、基礎づけは誰にとっても公正になされるように、基礎付けそれ自身が彼を強制するだろう。所謂同一原理――、さらにそれは局面の法則（Positionens Princip）と呼ばれるかもしれない――は、言わばそれによって何が意味されるのか、人がその説明を与える際に判断の形式において正しく考えるために正当化をする意味での基本的な前提的言明、あるいはある種の前置きである。同一原理は何かがその諸関係の中にあって、それがそれ自身の中にもあることを示しているか、或いは、我々がその諸関係の中のそのすべての現れの中に持つ存在が、それそのものであることを示している以上、同一原理には相対性の理念が導入されることになる。

ヘーゲルは、これら相対性の理念を、明らかにその名称の故に、排中原理（principium exclusi medii inter duo contradictoria）と一諸に奇妙な場所で論じている。ヘーゲルはそれらを論理学の第二の主要な部分の冒頭のところ、つまり彼が内的なものと外的なものとの同一性とその間の対立や根拠と仮象などを展開する本質について（von Wesen）の箇所で論じている。ここでは上記で言及された反対対立が、あるものが実在する事実と、そのことが実在する事実との区別の中で現前するために、同一原理が扱われるのはもっともなことである。けれどもこの同じ区別は、諸言では紛れもなく存在論の端緒に属しており、矛盾律がここで扱われるという事実は、しかしながらその実際の意味が何も考察されていないことを証明している。ヘーゲルはとりわけその否定的な表現として、たとえその段階での否定的な同一律と矛盾律の間の区別を描いたにしても、確かに矛盾律が同一律と等しいと想定しており、同一律について奇妙な要求をしている。「ある命題はまた主語と述語との間の差異を約束しているので、命題の形式はすでにそれ自身と矛盾しているが、このことはその命題の形式が要求するものを成し遂げることができない」[訳注7]。ヘーゲルが同一原理の実際の傾向や意味を理解せずに考察したことは残念であった[訳注8]。代わりに彼は、それがこれまで表現されてきた中で最悪の公式化を保持したが、この公式A＝Aは、ここでヘーゲルが実際に考察中であったものよりも、ずっと以前のフィヒテの時代に由来するものであるには疑いない。なぜならその初期の時代に、等号＝を使用したいと思う者がほとんどいなかったからである。その頃移行をそれ自身へ帰還させるのとまったく同じ程度に、目標は移行することか区別を定立することかであったのは明白であろう。しかしさらにもっと奇妙なことに、ヘーゲルは次のように付け加える。「しかしそれはとりわけこの定律の反対を定立する以下の思惟法則によって止揚される」[訳注9]。これに関して、人は最初に、これらの三つの定律相互間の内的に一貫した導出が、ヘーゲルの時代によく知られていたことを指摘しなくてはならない[訳注10]。次にヘーゲル自身は、「反対対立」という用語がここで矛盾というよりむしろ対立（Gegensätze）と名付けることができた為に、それらが反対対立であると見做されるべきではないと意義が唱えられるかもしれないとしても、それらを廃棄しないこれらの命題に、反対対立を促進することについての用語上の正用法を認める。

〔同一律と局面の原理〕

しかしながら、私はさらに我々がここでヘーゲルの中に見いだす非常に奇妙なことについて、あれこれと思案することを望まない。彼の論争的な精神はもう一度その不運な影響を行使したのである。これらの定立が企てられた時に異論の余地があったのは、これらの定立を企てるというまさしくその行為が、未だ確定的に強調されていない内に、これらの反対対立を仮定してしまったので、その結果、これらの反対対立がそのようなものとして起こるようになったことである。さらに目下論争中の反対対立の定立への注目も正確さを欠いたままであった。ミュンスターの『論理学に関連する同一性に関する所見』[訳注11]は、同一原理に関するいくかの証明を含んでいる。「様々な関係性があらゆる矛盾を取り除く」(diversus respectus tollit omnem contradictionem)という命題は、一種の矯正原理として矛盾原理に加えられたことはよく知られているが、前述のギリシャ語の表現からの説明と共に、それがこの弁証法に起因するのか注意を引く。アリストテレスは、弁証法に精通した人々のあいだに生きており、この命題をよく知っていて確かにそれを熟慮していた。しかし彼は疑う余地なく十分それに根本的な意味を与えることができなかった。この弁証法——、この相互対立の無限の闘争——、衝突してはその抵抗の内で自らを正当化する反対対立の間で絶えず自らを新たに正当化することによってのみ現存在する統一と調和が、それぞれの側から、そしてそれぞれの仕方で〈そのようにめいめいもし私がそう言ってもよいのなら〉——この弁証法は矛盾原理が流布していた影の中であまりにも長い間持ちこたえてしまったのだ。なぜならそれはあまりにも一面的な仕方で、それ自身を正当化してしまったからである。けれども現代哲学のすべてが、この弁証法が更新された強さで、弁証法自身を擁護するのを妨げなかったのであれば、また様々な意味で、第二の矛盾原理を確立したことがヘーゲルの多大な長所に属するのであれば、そしてもし私がそれをあのどこにでも生じる諸矛盾を言明するその原理が拒絶されるべきではなく、それらの妥当性の中で認識されるべきであるというのであれば、その二つの対立物がそれらに与えられるべき分を与えられている以上、それらは、解消されたことによって否認され得るのである。彼は実際に矛盾原理によって諸矛盾がそこから由来され、その中から諸矛盾が解消される統一の根拠があることを認識したのだ。これによって所謂矛盾原理は、その本当の意味に従って、実際に認識され、この認識自体は今や「ここでのこの矛盾」が解消されることを可能にするために十分に認識される。実際は多くの諸矛盾（Widersprüche）が、この認識に加えられるかもしれない。すでに上記で指摘されたように、多くの諸矛盾は、矛盾律それ自らの庇護のもとでのみ争われ得るのであるから、矛盾律のこの最高位に関する反対対立におけるこの争い、つまりこの最高位の妥当性は絶えず立ち現れている。もしこの矛盾がすでに正確にヘーゲルにおいて、本当に正当な矛盾として認識されていたのなら――その時問題は解決していたであろうことはあまりにも明白であったので、このことが起こらなかったことが驚くべきことなのである。その弁証法は、その妥当性に関するより大きな問題とともに、弁証法的な分析に引き込まれたその結果として認識されるであろう。もし、付け加えるのであれば、ここで導入された矛盾が解消してしまったのなら、その時すべての弁証法的運動が調和との無限の関係の中に入ることが示されるであろうし、ヘーゲル主義の用語で言えば、それ自身の内に措定されたことが示されるのであるから、矛盾原理の妥当性はその場合、再確立されるであろう。それ故に、一貫性が常に論争の必然的な結果であることが明らかにされるであろう。ゲーテの陳述「世界は矛盾に満ちている」(Die Welt ist voller Widerspruch)[訳注12]は確かに本当だが、彼はあえて質問として「それで自らも矛盾する定めなのか?」を付け加えている。もう一つのヘーゲルの長所は、非常に多くのそのような矛盾を研究したことで、それらをいわば認識可能にしたことである。しかし我々の主観的な思惟にとって思惟の統率は、それでもやはり、どんな自己矛盾も思惟全体の進行方向に進むのを許さず、一貫性の原理の故に、徹底的に保持されなければならないことが妥当する。また客観的に見られた場合、全てのものが、その完全な一貫性、あるいは完全な内的自己調和の中で、全てのものと全体性が姿を現す深い統一の根拠の中に、その基盤を持つという事は正しいのである。

[排中律と決定の原理]

さらに多くの事がよく知られている論理学の最も高次の第三の定律「排中律」(principium exclusi medii inter duo contradictoria)に関して言われなければならない。[訳注13]この定律はその代わりに「決断の原理」(Decisionsprincipet)あるいは「決定の原理」(Determinationsprincipet)と呼ばれるべきである。矛盾律のように、決定の原理は基本的に、あらゆるものが確定可能なものであり、あらゆるものは明確に何か確定的なものでなければならず、それ故に「あれか/これか」(aut/aut)が普遍的に妥当すると言明するので、決定の原理は流動性に反対する。確かに中間の連結は、片方が必然的に他方に対立するように思われるたった二つの矛盾（contradictoria）や、二つの事柄を措定するように見える「あれかこれか」の間に、割り込むことは可能である。例えばあるものは白か白でないかのどちらかに違いないという主張に対して、おそらくあるものが異なる観点では、つまり白か白でないかの両方であると示し得るという理由から、両方が真であるという主張は否定される。しかしこの連結はその場合、言うなれば前者のあれかこれかを含んだその否定に対するもう片方の「あれか」だと断定することができる。つまりあるものは、白か白でないかの両方だと考えられ得るに違いないか、そのようには考えられ得ないに違いないかのどちらかであり、この後者の場合には、ただ白か白でないかだけしか考えられ得ないに違いない。「あれかこれか」の還元を継続することによって、さらなる媒介手段の区別を設けることは容易に分かる。対象はあらゆる局面において〈これらの表現との類比の中で私は言うだろうが〉明確に何か確定したものであるに違いないので、人が決定しなければならないものの間には常に承認と非承認があるはずである。ここでの決定の意味は、変動の只中には常にすべての地点に決定性があることである。したがって、私は全ての論争の争点が究極的には「はい」か「いいえ」、あるいは何か決定されるものへ還元されなければならないと言明する定理を決定の原理と呼ぶが、その場合その原理は、その確立されたものと確立されていないものとの間の決定に従って確立される。この定律は、他の二つとまったく同じように、永遠の不確定性の中にあらゆるものを解消する懐疑主義を防いでいる。私はヘーゲルがそこから何も学ばなかったこれらの定律の空虚さについて話しているのを奇妙な事実であると指摘したまでである。学問はしばしば批判的に何が直接的な生の中で、より明白以上のものであるのかを分析しなければならない。

学問は確かに意識の中の基礎にあるものを強調し、それを表現する必要がある。この意味で厳密な手順は、これらの定律が根本的で普遍的な定律として明確に強調されることを要求する。人がこれらの定律から何かそれ以上のものを学べるかどうかは無関係であるが。もしすべてのものの中に無限の連結があって、すべてのものはこの連結によって決定されるのでないのならば、その時人はヘーゲルが解釈したことの長所のひとつである「すべてはひとつの帰結である」という定理からそれ以上に何を学ぶのだろうか。

第2節　三段論法

〔媒介論争〕

ここで我々が見たところでは、我々にとって所謂形式論理学に属する対象であるが、アリストテレスが多くの勤勉さと注意を持って詳細に生み出したにも関わらず、我々の時代において何か軽蔑的に知れ渡るものとなった対象が、いかに三段論法の形式を伴って立ち上がってくるのかを叙述するのを許して欲しい。ヘーゲルはこの教説について重要で根本的な所見を述べている。しかし彼はそうすることによって、通常の三段論法を何の現実性を持たないもののように扱う人々に加わったのであって、彼が最も矛盾する言明を、それを使って証明できたと注意を促そうとする時に[2]、彼自身が通常の三段論法によって不意に決定を下すようになるのは、彼にとって奇妙なことなのである。彼の推論（raisonnement）は、まさにそのような仕方で表現される。人がそれによって最も矛盾した言明を等しく証明できるという推論の形式とそれがもつ性質は、何の現実性を持つことはできないが、ここで言及される三段論法のこの性質も、何の現実性を持つことができない。通常の論理学で教えられるのは、そのような三段論法の前提が、厳密に普遍性を持つべきであるということであり、同様にとりわけそれが「不十分な中間の誤謬」（fallacia medii insufficientis）がそれに含まれているに違いない、所謂「誤った中間の誤謬」（fallacia falsi medii）を防がなくてはならないと教えられるが、ヘーゲルは簡単にそれを見落としているように思える。後にヘーゲルはカテゴリーの推論（kategorischer schluss）と呼ぶ、ある種の演繹を展開するところで、実際に結論に達するが、彼が最初の推論の主要な特性として推論を展開する際に、おそらくそれは人生においてしばしば遭遇するであろうが、ヘーゲルがそれを展開するまではこれまでどんな論理学者も展開することがなかった奇妙なものを、我々はここでヘーゲルに見て取るのである。つまり彼は推論の形式を取り壊すために単に推論の形式を展開するだけなのであるが、ところがそれにも関わらず、それは現存在の推論（schluss des daseins）の名の下に、始めに主要な特性として存立しなければならないのである。

しかしながら私はヘーゲルの特殊性についてくどくどと思案するつもりはない。この種の形式はアリストテレスが常に可能としていた有効な〈三段論法の〉判断が起こるところではどこにでも現実的に内在するどんな理由によっても決定されるし、それが三段論法のこの形式か、あるいは別の何らかの通常の推論形式が見出されるのなら、証明しようと思う者なら誰でも証明できるからである。それはおそらく単に難しいだけであるのと同様に、ラテン語の著者がするようなところで、そうした三段論法形式の推論を演繹することは、まさに厄介なことだが、人が構造を理解するために呼んでいるものは、むろん存在する構造の全体性であるけれども、それはあらゆる従属的な条件が形式的にまさにそのような文意の局面において、際立つようになるために生み出すことができなければならない。抽象的な形式における文法原理がここで教えるように、それは実際に根拠があり、どこにおいても証明されうるであろうが、それゆえに、それは形式論理学が教えるものでもある。数学は常にこの厳密な形式をその厳格な証明によって追求する。なぜならこの形式は、どこにおいても絶対的に支配するからである。そうした証明のどのような点においてもそれが基づくように、まず第一に、人がどのような場合でもその命題に立脚するという言明は、実際に妥当する。つまりそれはあらかじめ証明されており、その時、特定の場合におけるその証明のための諸条件が現存しているのである。例えば、直角三角形の斜辺上の正方形は、実際に両方の隣辺（cathetus）上にある正方形と等しく、その結果として所与の三角形は、実際に直角三角形である。もしくは、第一に、二辺と夾角が部分的に同じ大きさである時、二つの三角形は同じ大きさと同じ形であり、第二に、この場合、これらの物はすでに確認したように実際に同じ大きさである。数学的な推論は、別の推論であっても、論理的な性質と同じ推論である限り、幾人かの人たちが見做すような特殊な推論ではない。経験的な帰納推理の妥当性が二重の問題〈ある種の事実問題（qvæstio facti）と権利問題（qvæstio juris）に起因するにせよ、それらは次のように明らかにされるだろう。あれこれやしかじかの事実は、あれこれやしかじかの条件のもとで見出されるが、しかじかの条件のもとにあるあれこれの事実は、一般的な条件を演繹するのを正当化すること等々。ここでその問題も二重の探求に起因すると理解される。

[推論と弁証法]

この洞察によって、三段論法の形式のなかに何があるべきかを証明できるが、まさにそれ故に、その洞察に起因するものは何もないので、それは一〇〇ポンドがより大きな額かより小さい額に費やされるかを調べるための単純な算術が使われるのとほとんど同じなのである。しかし人が行為や行いにおいて確信を持って進んだ後には、行為の一般的な形式は全くあり得ない。それ故に、この推論はおそらく妥当しないだろう。例えばもし、王国債券に九〇リブスダラーを支払わなければならないとしたら、一万人が九〇万リブスダラーを支払うことになるので、それほどたくさんの債券を買いたいと表明する事実が、どれほどの額を債券に払うのか決めるための要因となる。それによって、どこに購入者がいて、どんな理由で買うのかが、最終的な結果に影響を与えるという疑問を含めて、そこには現存する条件がある。例えば一冊の本の印刷に一リブスダラーが支払われるとしても、直ちに一〇〇冊の印刷に一〇〇リブスダラーが支払われるわけではないので、人が買いたいと思う額によって、割引の額が決定される。しかしまだ要因はある。ここで人間は真摯な決断を困難にする人生における弁証法的なものに直面する。結果がどうなるかについては、数学の方程式が積分と微分を使用する場合でも、最終的にはすべては単純な方程式によって計算されることになる。そして、思考の中でその運動が至る所で弁証法的に推論される場合でも、最終的にすべては、弁証法の方向と円環の、基本的な小前提が決定されている間に、各段階のための指導要因となる単純な推論によって決定され、論理的に証明されるところでも、部分的にはそれらの結論によって、部分的にはそれらが属する同じ値によって、その妥当性が正当化される。認めざるを得ないが——推論の断案として表される命題はしばしば前提を構成する諸命題のひとつにおいて本質的な契機である——と指摘したのはヘーゲルの長所に属している。従って義務の概念の現実性から人間的自由について言及される時、それを再度逆に言えば、義務の概念それ自体が現実性を持つかどうかに関わらず、後者の現実性に甘んじているのである。そのような諸概念の間の内的有機的な関係は、その場合、それらに再度現実性を与える全的な統一の方向を示す。しかし周期的な進行は、三段論法の形式に従ってあらゆる段階に起こる。

第3節　不可識別者同一の原理

このようにヘーゲルは、論理学の三つの最も高次な原則を、その正確な意味を曖昧にする仕方で提示したのである。我々が彼の議論を放棄する前に、依然として私は、ヘーゲルがこの文脈において議論する所謂「不可識別者同一の原理」に対してもいかに同じことをしているのかを扱わなければならない。ヘーゲルは「差異性」の表題を「同一性」の表題のすぐ後に位置付けたが、それによってその意味が完全に混乱するような仕方で位置付けたのである。ライプニッツにおいて、彼から哲学の前世紀に入り、全的有機体としての世界の理念が本質的に一貫性を伴って現われるが、その有機体において、もし二つの物が空間において互いに外的であるならば、それ故それらは全体性において異なる地点での反作用を形成しなければならず、また異なる諸関係のうちに置かれ、異なる仕方において世界を反照しなければならない。このようにそれらはあらゆる局面において異なっているのである。私はここでそれらがライプニッツの予定調和の教説とは独立し、しかも実際にその論争に入り込まないようにして理解されるように、この表現を維持したいと思う。このことと一致して特記されるのは、ライプニッツが、その観点によると(3)（suivant son point de vue）と書いたように、「世界は異なる側面からそれぞれのモナドに現される」ということだが、この異なる観点とは、空間におけるそれらの異なる場所に、言わばそれらの理念的に異なる場所に一致して与えられるか、もしくは全体性において、それらの内的に異なる有機体が与えられるかである。この種の組織化する理念全体とその重要性を我々はヘーゲルのうちに見出すことができない。しかし所謂「不可識別者同一の原理」（principium indiscernibilium）は、少しも適切な重要性のうちに位置づけられておらず、規定された通りの仕方で正しく考察されてもいない。しかしヘーゲルは、このことについて考えてはいない。というのもそれが全く属していない場所で、ヘーゲルによってそれが言及されているからである。

原注

（1） アリストテレス『形而上学』四巻三 - 四章、六巻五章参照。

（2）ヘーゲル『大論理学』三巻一四二-一四三頁［ベルリン版ヘーゲル全集］参照。
（3）ここにはあえてライプニッツが自らモナドをある種の魂と考えていたことの理由が持ちだされるだろう。というのも、ひとは彼が好んでそれらを魂ないしはエンテレケイアと呼んだのを理解するからである。しかしそれらは彼によって身体の内にある魂とは考えられなかった。あらゆるモナドは精神的存在であって、身体の内にはない。彼はこのことを何度も繰り返している。

訳注

（1）ここでデンマークヘーゲル主義のハイベアに対するシバーンの批判的態度が宣言され、デンマーク矛盾論争の導火線となった一連のヘーゲル批判が始まる。デンマーク矛盾論争とは、ヘーゲルの思弁的論理学の受容から起こされた論争である。この論争は、一八三九年に『文学と批評雑誌』に書いたボーネマンによるマーテンセンの『人間的自己意識の自律について』（Den menneskelige Selvbevidstheds Autonomie i vor Tids dogmatiske Theologie）の書評をきっかけにデンマーク全土に広がることになった。ボーネマンはマーテンセンの『自律論文』に賛辞し、「思弁の発展は我々の時代の世界観において、普遍的に理念的本質の意識を主観と客観、自然と精神の媒介的統一へ齎した」と思弁的論理学の意義を強調し、「神学において理性主義と超自然主義は共に、過ぎ去った時代に属する廃れた立場である」と述べたのである。このボーネマンの書評は、マーテンセンを賛辞することで、ミュンスター監督の「超自然主義と理性主義の立場は、排中律の矛盾対立によって維持されており、思弁論理学によって媒介され得るものではない」とした宗教的立場を時代遅れのものだと侮蔑するものであった。ミュンスターは当時のデンマーク国教会の最高指導者であり、キルケゴール家と深いつながりのある人物であったが、ミュンスターはこの不当に企てられた攻撃に対し、『超自然主義、理性主義』において説得的な仕方で反論することになる。このミュンスターの反論に対し、デンマークヘーゲル主義のハイベアとマーテンセンが再批判を企て、それにシバーンとミュンスターが応じることで論争はデンマークの哲学界、宗教界全体を巻き込むことになる。

（2）シバーンは、『思惟言説としての論理学』（Logik som Tænkelære）で、矛盾原理の最高位について次のように説明する。「最も普遍的な仕方でこの原理を表現する仕方はこのようにされてきた。「何ものも同時にありかつないことはない」。これに対して次の規則が当てはまる。差異はあらゆる矛盾を取り除く（Diversi tollunt omnem contradictionem）。この表現をより詳しく説明すれば、同時に（på engamg）かつそれについて語られる度に、同じ観点において（*κατὰ τὸ αὐτὸ*）同じ関係（*πρὸς τὸ αὐτὸ*）において、同じ時点（*ἐν τῷ αὐτῷ χρόνῳ*）において、考察されるべき同じもの（*τὸ αὐτό*）がなければならないということが注意されなければならない。しかしこの表現に反してその対象の内包の部分は、単に述語の内のあるひとつだけが確証される。存在（Væren）は、根本命題それ自体の代わりに、どんなものも全てあらゆる述語を確証する。その一方でカントが言及したように、そのような同時（engang）を指し示す時間的表象に関わる表現については、普遍的な論理学の根本命題の内では生じない。しかしカントがその代わりに用いた「何ものもそれ自身と矛盾する述語を持たない」というのは最善の表現ではない。その原理の本来の意味は、あらゆる思考の追跡に対する最初の状態は一貫性であり、その相殺から非一貫性が回避されなければならないということである」（LT, 303）。

（3）ニールス・トレショウ（Niels Treschow, 1751-1833）は、一八世紀デンマークを代表する哲学者。シバーンの師であり、クリスチャニア大学（現オスロ大学）、コペンハーゲン大学で教鞭をとった。トレショウの主著『普遍論理学』（Almindelig Logik）で、一致の原理は、単に対象の同一や反対と形式的に一致する原理ではなく、全ての形式と実在の根本命題における普遍的根拠と捉えられる（AL, 123）。「全てのものは必然的にそれ自身と等しいために、それは一致の原理と呼ばれる。全てのものは根拠において単一であると同時に同一であり、事物の間のあらゆる対立と差異は、単に形式や程度や実在の還元においてのみ存続する」（AL, 125）。

（4）エリスとはギリシャ神話で戦いの女神であり、エロスは愛の神である。

（5）シバーンのヘーゲル論理学の生成概念批判は、キルケゴールのヘーゲル批判と重なっている。『不安の概念』のなかでキルケゴールは、ヘーゲルの生成概念を批判し、生成は倫理学が要請する「超越」という生成の運動だけが在るのであって、論理学は如何なる生成の運動も考えることが許されないと述べている。「論理学の中では如何なる運動の生ずることは許されない。というのは、論理学はある、そしてすべての論理的なものはただあるだけである。――中略――もし倫理学がそれ以外の超越を持っていないのなら、それは本質的に論理学であり、もし倫理学が、倫理学の体面上やはり必要になるだけの超越を持つべきなら、それはもはや論理学ではない」(『キェルケゴール著作全集』第三巻下、大谷長監修、創言社、四六一―四六二頁)(SKS4, 319-321)。

(6) ここでは存在と無が互いに同一であると同時に、異なるものとして移行し合うヘーゲルの生成概念が批判される。存在と無の移行として、生成が無規定性によって生じるのであれば、その時存在は、もはや純粋な無規定性とは見做されず、生成によって無規定であった存在が「ある存在」に移行すると同時に、無規定であった無も「ある無」に移行しているはずである。それならば、生成において移行する運動の根拠は、完全に不確定性から出現することが明らかであり、定在と同様に不確定性から生じる無も定無というべき方向へ移行するはずだから、ヘーゲルの運動は存在の論理に連結していない。シバーンの論点は、不確定性から生じるヘーゲルの運動において、現存在を導出できないというものである。

(7) Hegel, Encyklopädie der philosophischen Wissenschaften im Grundrisse, Heidelberg: August Osswald 1827, §115, p. 124.

(8) シバーンは『思惟言説としての論理学』の中でこの問題に触れており、同一原理は思考においてすでに幾分か媒介されているので、「AはAである」という自同性の表現には主語から述語への移行の内にある思考の運動が示されなければならず、その意味で直接性はすでに媒介されているために、等式A＝Aで結んではならないと指摘する(LT, 300)。そのうえで我々が同一原理において何が仮定され判断されるのかを考える場合、「自同性はより多くの局面について語られる相互関係が常に前提される」ことが考えられなければならず、同一原理は局面の法則によって、主語と述語の相互関係において差異が生じるのが前提されているために、同一原理には相対性の理念が導入されなければならないのである

（9） Hegel, Encyklopädie der philosophiscchen Wissenschaften im Grundrisse, Heidelberg: August Osswald 1827, §115, p. 124.

（10） ヘーゲルによれば、対立は「同一性と差異性の統一」であり、それ自身の内に「同一性」と「差異性」をあわせもつ利点を保持する（GW11, 272）。ここでヘーゲルの対立概念が言及されるのは、ヘーゲルが矛盾としての対立概念を止揚する際に、排中原理そのものの媒介について言及し、この思惟原則自体を無効化してしまうからである。排中原理が言明するのは「XはAでも非Aでもないものではない」または、「対立に対して無関心な第三者は存在しない」であるが、ヘーゲルは排中律の命題そのもののなかに、対立に対して常に「無関心な第三項」、すなわちAそのものがあると指摘する（GW11, 286）。そのために排中原理の対立は実際には媒介されており、この原則は形式的で無意味な思考の対立を言明するだけなので、ヘーゲルはこの原則自体を止揚してしまうのである。

（11） Jakob Peter Mynster, Logiske Bemærkninger om Identitet, in *Blandede Skriver*, vols1-6, ed. by J. H. Paulli, Copenhagen: Gyldendal 1852-57, vol. 1, pp. 249-271.

（12） Goethes Werke. *Vollständige Ausgabe Letzter Hand*, vols. 1-40, Stuttgart und Tübingen; J. G. Cottasche Buchhandlung 1827-30, vol. 1, p. 11.

（13） 決定の原理は、媒介が争点となる思考の連続性の内に決定性があることを示すことで、排中律の妥当性を補完する原理である。この原理によって「XはAか非Aかのいずれかである」という排中律は、ヘーゲルが誤解したような反対対立の止揚ではなく、中間項の媒介を排斥する真の矛盾が排中立に成立する場合にこそ、Aか非Aかの決定性が存することを言明する。

訳者解説

本書『キルケゴールとデンマークの哲学・神学』が訳出したのは、一九世紀デンマークの思想家、アドルフ・アドラーと、フレデリック・クリスチャン・シバーンによる哲学的論考である。今回訳出したのはいずれもキルケゴールと同時代である思想家の、ヘーゲル哲学に関わる主要著作であるため、始めにデンマークにおけるキルケゴールと同時代である思想家の、ヘーゲルの影響について手短に述べておきたい。デンマークにおいてヘーゲル主義の影響が始まるのは、主に一八二〇年代からであり、ヘーゲル主義が隆盛を極めるのは、ヘーゲル死後の一八三一年から、一八四〇年代中盤までの間だと考えられる。この影響は、ヘーゲルの死後に刊行された『宗教哲学講義』（一八三二年）によるところが大きい。地続きの隣国であるデンマークに流入したのは、マールハイネケ版の『宗教哲学講義』であり、所謂ヘーゲル右派の思想潮流であった。その潮流はすなわち、近代哲学とキリスト教とが、ヘーゲル哲学によって思弁的な媒介を経て、絶対者の哲学として君臨するというものである。一方で隣国デンマークには、一七世紀のライプニッツ・ヴォルフ学派から派生した哲学の潮流が依然として存在し、一八世紀の中盤から一九世紀の初頭にかけて、ニールス・トレショウが普遍学の構想から独自の論理学を完成させるなど、デンマークには目覚ましい哲学的遺産があった。事実、一九世紀デンマークは、ナポレオン戦争の参加と孤立によって、かつての広大な領土を失った危機の時代であったにも関わらず、文化的にはデンマーク黄金時代と謳われるほど、発展と繁栄を極めた時代であった。キルケゴールやアンデルセンは、このような波乱にとんだ知的文化が華やぐ時代に活躍したのである。しかしヘーゲル哲学が、隣国のデンマークに流入すると、デンマークの文化意識と学問的伝統はヘーゲル哲学の挑戦を受けるようになり、デンマークのアカデミズムを二分するようになるまで発展した。ヘーゲル哲学は単に学術上の論争に留まることなく、文芸文化やキリスト教社会の危機を巡る論争として進展し、同時代の知識層はヘーゲル哲学を吸収し、あるいは批判していった。一九世紀デンマークに生きたセーレン・キルケゴールもその例外ではなかった。まさにドイツ観念論運動の絶頂と没落をヘーゲル哲学に見たキルケゴールは、新たな時代の思想の生みの苦しみを経験したが、その営為には、一貫して、ヘーゲル及びヘーゲル主義に対する対決があったことは否めない。我々は、キルケゴールと同時代に生きた、アドラーとシバーンの二人の思想家を通して、近代デンマーク哲学の知的営為と、ヘーゲル哲学のこれまで明かされなかった影響史を紐解いてゆこう。

生涯と思想

1. アドルフ・アドラー

アドルフ・アドラーは、一八一二年八月二九日に、貿易商の父ニールス・アドラーと母アンナ・シャルロッテ・クリスティーネの間にコペンハーゲンで生まれた。彼はキルケゴールの一歳年上であり、デンマークのラテン語教育機関である国民学校（Borgerdydskolen）では、キルケゴールを「君」と呼ぶ間柄であった。一八三一年にアドラーは、当時デンマークでヘーゲル哲学が隆盛を極めていたコペンハーゲン大学神学部に入学し、その後ヘーゲル哲学を学ぶためにドイツに留学する。その成果を一八四〇年に学位論文、『最も重要な形態における孤立した主体性』として纏め、哲学部に提出した。当時のデンマークでは、学位論文はラテン語で書くことが通例となっていたが、アドラーはその慣習をやぶってデンマーク語で提出し、ヘーゲル主義の強い影響から主体性の哲学を展開した。このことからアドラーは、一年後に同じくデンマーク語で学位論文『イロニーの概念』を書いたキルケゴールの先駆的思想家と目される。哲学部の私講師となったアドラーは、その二年後に、ヘーゲル『大論理学』の存在論と本質論の注解である『ヘーゲル客観的論理学講義』（一八四二年）を刊行し、デンマークにおけるヘーゲル哲学の重要な伝達者となった。その後、国教会の神学試験に合格したアドラーは、ボンホルムの牧師となるが、ある夜にキリストが現れ、「これまで書いたヘーゲル哲学に関する著作を焼き払え」という神の啓示を受けたという、所謂「アドラー事件」が勃発する。精神錯乱に陥ったと判断した国教会は、アドラーに対して一時的に職務停止を命じたが、啓示の真正性を譲らなかったアドラーは『説教集』のなかで、啓示体験について語ったために、国教会のミュンスター監督によって、一八四六年に罷免される。その経緯はキルケゴールの『アドラーの書』において知られる通りである。アドラーはこの書で『天才と使徒との相違について』を書くきっかけになった人物だと明かされるが、アドラーとの間に微妙な緊張関係が続いていたために、生前キルケゴールはアドラーに配慮してこの本を公刊することはなかった。しかしキルケゴールの著作のなかでアドラーの存在は、名前が伏せられる仕方で、「ヘーゲル主義者」として言及され続けた。例えば、初期の『イロニーの概念』では、暗黙裡にアドラーの学位論文が意識され、中期の『不安の概念』では、アドラーの『ヘーゲル客観的論理学講義』が踏まえられ、後期では出版が控えられる仕方で、『アドラーの書』が書かれたために、ほぼ全生涯にわたってキルケゴールの著作活動にアドラーの影が潜んでいたと理解することもできる。このことからアドラーは、近年研究史において、キルケゴールの実存哲学に影響を与えた人物として注目が集まっている。

『最も重要な形態における孤立した主体性』

アドラーの学位論文、『最も重要な形態における孤立した主体性』は、一八四〇年の六月一〇日にコペンハーゲン大学哲学部に提出され、口頭試問のメンバーにはシバーンとマーテンセンが選ばれていた。ヘーゲル哲学の強い影響のもとに書かれたこの論文は、二部構成であり、第一部は、「連結における思考と存在」（二節―四節）、「概念と理念」（五節）「主体性」（六節―一〇節）「孤立した主体性」（一一節）という章立てであり、第二部が「存在の単独性としての孤立した主体性」（一二節）という見出しが付いている。

　第一部は存在と思考に関する問題が扱われ、それらが弁証法的に相互不可分な関係にあると論じられる。アドラーによれば、思考は常になんらかの存在についての思考であり、存在は常に意識に対してある存在、つまり思考された存在である。思考はそれ故に、存在に依存している。しかし思考が存在に連結する在り方は、人間存在が実存する環境世界を抜きにしては理解することができない。なぜなら思考は、身体を必要とする限りで、常に環境世界との関係のなかで存立するからである。「思考は我々にとって身体のなかで共に与えられており、我々が周辺世界との関係にある限り、我々に与えられ、世界の内における生全体のなかで与えられている。」（本書三頁）。この見解は明らかに、ヘーゲルよりも、デンマークのヘーゲル主義者、ヨハン・ルズヴィ・ハイベアの『論理学の体系』に由来する。哲学の前提は存在であり、哲学的懐疑は「存在についての普遍的な概念」を疑うことができないが、その概念もまた、「私が思考し、かつ実存するものとしての自己を否定し、同時に死んだ思考と身体が、考えることも生きることもやめて、私を生き埋めにしたまま死滅しない限り――〔思考と〕全く同程度に存在である」。つまり存在が環境世界の内にあるように、概念もまた身体を前提にするという点で、アドラーはハイベアのヘーゲル主義を踏襲する。このようなアドラーの「概念」は、「思考の衝動であると同時に生の内奥の振動」と呼ばれ、論理的かつ経験的に与えられたもので、「私がそこで思考の内奥と実存の切迫を感じる」ことのできる哲学の出発点とされる。この意味でアドラーは、デカルトの「我考う、ゆえに我在り」（cogito ergo sum）を反転させ、それが同時に「我在る、ゆえに我考う」（sum ergo cogito）によって、思考の前提としての実存を言明できなければ、一面的であり、思弁的論理学の存在論を展開できないと主張する。ここでのアドラーの立場は完全にヘーゲル的であり、ヘーゲル論理学の概念論に従っている。主体の全体性であり、具体的統一である概念は、観念的統一であるがゆえに自らを否定し、実在性を通して自らを反省することで、主観と客観の分裂を回復し、「主体的概念は客観的概念、理念に至る」（本書一九頁）。

一方で存在と思考を分離する弁証法的契機として、アドラーは意識の相関性を説明する。「真なるもの」を求めて経験的真理と一致する意識は、ある種の直観として、世界の認識を取り出すことはできるが、経験から思考と存在の統一を取り出す直観は、やはり抽象的で一面的であり、概念の十全な統一に至ることができない。概念を基盤にして意識の相関性が統一されてこそ、存在と思考は絶対的に一致し、個別の内に全体性を包括する自由で自立的な主体性が確立する。ヘーゲルによれば、このような概念の自己運動において、普遍性は、自己を特殊化する弁証法的過程の内でも常に自己自身であり続け、普遍は個別化することで具体的普遍となる。しかしアドラーは、特殊を契機にして個別の内に普遍性を実現するヘーゲルの「概念」が、その実現過程において普遍性の要素である客観性を否定すると暗示する。アドラーによれば、客観性は、普遍性と現実性の統一である理念において、不可分に結合していたが、概念が特殊を契機にして主体性を確立するには、実は普遍性のエレメントである客観性が否定されるというのだ。概念が特殊を契機にして、客観性を否定すると、理念の内にあった普遍性と現実性が分離し、客観性から分離した現実性の内で概念は専ら、自己の特殊な単独性を発展させることになる。こうして「単独性は主体性の表現であり、主体性はあらゆる客観性の否定である」というアドラーのテーゼが定立される。客観性から分離した形態において、専ら特殊の契機を発展させる主体性は、客観的妥当性や実定性を持つことがないのである。

アドラーはこのような状態にある主体性を「孤立した主体性」と呼ぶ。主体が単独性の発展において特殊の契機に留まり、そこから自らを孤立させたままであるなら、主体は客観性と和解することはできず、構想力による世界のように、あらゆる実在性を失ってしまう。そのような客観性から主体を分離させる意識という契機を、世界精神から位置づけるのであれば、孤立した主体は、歴史的形態のある限定された段階に留まっている。本書の第二部で論じられるのは、孤立した主体の歴史的形態に関する、宗教哲学的、歴史哲学的展開である。

アドラーは、このように孤立する主体性を、ヘーゲルの世界精神の展開に対立するものと位置づけ、客観性を否定する孤立した主体によって、ヘーゲルの歴史哲学の妥当性そのものを疑う。例えばアドラーは「超自然的意識」を挙げ、歴史のある時点に出現した超自然的な意識は、そこから世界史が理解されることで、人類の文化的発展における契機を凌いだが、それを包括する視座が今や現実的に妥当しない為に、超自然的意識は孤立したままだという。世界史の発展は必然的であり、発展の契機は相対的な意味で妥当するが、その契機は、歴史のある時点に止揚されたまま、すでに内容を失っている。世界精神がその契機を過ぎ去る時には、個人において認識の諸段階は生まれるが、個人はもはや歴史的真理やその妥当性を持っていないために、主体はその包括的な意識において今や孤立している。絶対精神が過ぎ去った後の、孤立した主体性について論じたアドラーは、キルケゴールの先駆的な思想家と目されるように、アドラーのなかには、絶対観念論から実存哲学に移行する過渡期の思想が垣間見える。本書は、アドラーを実存哲学の先駆者のひとりとして紹介することで、観念論哲学と実存哲学の新たな影響史に寄与するものと期待される。

2. フレデリック・クリスチャン・シバーン

デンマークにおいて哲学者として最もヘーゲルに言及したのは、F・C・シバーンである。シバーンは一般的にはセーレン・キルケゴールの師として、また『ガブリエリスの手紙』(一八二八年)の著者として知られるだけだが、コペンハーゲン大学の哲学部の教授を約半世紀の間務めたこともあり、認識論、論理学、形而上学、心理学、宇宙論、道徳哲学、政治哲学、美学など膨大な著作を残した一九世紀のデンマーク哲学を代表する、理論的、体系的な哲学者である。

コペンハーゲン大学哲学部で長く教授の地位にあったシバーンもまた、デンマークにおけるヘーゲル哲学の問題を扱うために、ハイベアの『文学と批評雑誌』に投稿した。彼の一連の論文『現代との関係において考察されるヘーゲル哲学に関する論評と研究』(Bemærkninger og Unbersøgelser fornemmelig betreffende Hegels Philosophie)は、一八三八年の四月から各月ごとに立て続けに発表され、所謂矛盾〔媒介〕論争において、デンマーク・ヘーゲル主義との対決姿勢を露わにし、デンマークにおける痛烈なヘーゲルの批判者となった。矛盾媒介論争とは、ヘーゲルのアリストテレス批判から成立したデンマークのヘーゲル主義者達の思弁的論理学の受容から起こされた論争である。この論争の発端は、一八三九年に『文学と批評雑誌』に投稿したボーネマンによるマーテンセンの論文『人間的自己意識の自律について』の書評をきっかけにデンマーク全土に広がることになった。ボーネマンはマーテンセンの『自律論文』を賛辞し、「思弁の発展は我々の時代の世界観において、普遍的に理念的本質の意識を主観と客観、自然と精神の媒介的統一へ齎した」と思弁論理学の意義を強調し、「理性主義と超自然主義は共に、過ぎ去った時代に属する廃れた立場である」と述べたのである。これによって、超自然主義と理性主義の対立は、媒介不可能な排中原理に基づく矛盾対立の証明であると主張した、神学者ミュンスターの宗教的立場を侮蔑することになり、論争はデンマークの哲学界、宗教界全体を巻き込むことになる。この論争の背景には、デンマークのヘーゲル主義者、ハイベアによる論理学のヘーゲル受容の問題があり、シバーンがハイベアではなく、一連のこの論文でヘーゲルを直接批判したことが、その後の矛盾媒介論争の火付け役となった。

『現代との関係において考察されるヘーゲル哲学に関する論評と研究』

この第一論文においてシバーンは、ヘーゲル論理学の存在論における生成概念を批判し、学的始元と体系の関係について、次のように批判する。論理学の最初の言明では、存在と無は内容を持たない完全な無規定態であるために、それらは同じものとされる。しかしヘーゲルは次の段階で、存在を無から区別するために、存在に規定性と内容を暗示することになり、その結果、無の概念も存在の概念との対立において「規定された概念」になってしまう。シバーンによれば、このことは無規定態の考察において正当化できない段階を踏むことであるという。なぜなら存在の概念も完全に無規定で内容を欠いているにもかかわらず、同じ内容を欠いた無の概念から区別されるために、ある内容をもった存在をすでに前提してしまっているからである。シバーンはここでヘーゲルの始元論の背景にはすでに哲学体系におけるなんらかの概念が前提されており、致命的な曖昧性が、論理学の個別の要素を演繹するのを正当化しているると批判する。その曖昧性とは、完全に内容を充足すると同時に完全に空虚であることができるような鍵となる概念、絶対的理念や絶対精神である。シバーンはこれによって絶対的理念がある時点では内容を欠いたものであり、他方の時点では、内容の充足である限りにおいて、矛盾の概念が見分けられなければならないと論じている。

次の『ヘーゲル哲学の論評と研究』の第二部の論考は、第一部から一カ月後の『ペルセウス誌』五月号に掲載された。第二部の表題は、「ヘーゲル学派において矛盾原理が取り扱われる仕方について」(Om den Maade, hvorpaa Contradictionsprincipet behandles i den Hegelske Skole)である。この全文が本訳書に収録されている作品である。

論理学者であるシバーンは、第二部において、アリストテレスにおいて成立した三つの思惟原則の扱いが、ヘーゲルによって不当に扱われていると指摘し、一八世紀のデンマークの哲学者、ニールス・トレショウの『普遍論理学』などを引合いに出しながら、いよいよヘーゲル弁証法の核心部を鋭く批判する。まず初めにシバーンは、ヘーゲル論理学の中で運動の推進力とされる「矛盾」の概念を批判し、ヘーゲルの言う「矛盾」((Modsigelse, Widerspruch)が、論理的には矛盾ではなく、「対立」(Modsigelse, Widerspruch)の概念であると指摘する。ヘーゲルが媒介するのは、矛盾ではなく対立だというこの批判は、弁証法的思惟が扱う三つの思惟原則、同一律、矛盾律、排中律の一貫した内的導出において明らかにされる。シバーンによれば、弁証法的媒介は一貫性の原理において論理的な普遍性が担保されなければならず、それは媒介の連続的な流動性においても、一貫して思惟されなければならない。シバーンはヘーゲル論理学の媒介概念を吟味するために、それぞれ三つの思惟原則を補完する局面の原理、一致の原理、決定の原理から媒介概念の妥当性を考察し、最終的に矛盾原理の最高位が如何なる思惟の運動の中にも例外なく妥当することを論証する。これによってシバーンは、ヘーゲルの弁証法的矛盾概念を批判し、矛盾原理の普遍的妥当性と排中原理の絶対的な妥当性が防衛されると主張する。その批判の大半は『大論理学』本質論の、同一律、矛盾律、排中律の三つの思惟原則に関するヘーゲルの言及に向けられるために、ここでは三つの思惟原則の問題を解説したい。まずは同一律から。

同一律「XはAである」という言明は、一般に、AはAであるという自同性（A＝A）を表すと理解される。例えばAに名辞を当てはめれば、「机は机である」という定式によって、机が他ならぬ机自身であり、他のなにものでもないことが言明され、机の自己同一性が保持される。それは、机は机そのものと等しい、もしくは同じであると言明することである。このことは特段に説明を要しない。しかし、この言明の意味を掘り下げて考えてみれば、この命題に隠れている別の規定性が発見されることになる。「机は机である」と言明される場合、「机」のみが語られて、他の何ものも語られないとすれば、ここには、何の区別も差異もない、A＝Aという単純無差別態が思考されていることになる。そうであれば、同一律の言明は、何も言っておらず、ヘーゲルが主張するように、それは無を語っているのと同じことになる。つまりA＝Aは零に等しいのであり、形式論理学の同一律は、ヘーゲルの言うように、それ自体では何の役にも立たないとされてしまう。

次に矛盾律であるが、シバーンはこの論文の冒頭で、アリストテレスの矛盾律の定式について言及するために、ここでそのことを確認したい。アリストテレスは、矛盾律について「同じものが同時にそしてまた同じ観点のもとで、同じものに属し且つ属さないということは不可能である」（本書八六頁）と定式化した。形而上学四巻に記されている有名な矛盾律の定義だ。アリストテレスによれば、Aを主語、Bを述語としたときに、AはBでありかつ、Bではないことは、あり得ないことになり、事物の実体―属性関係は、主語―述語関係に置き換えられる。例えば「この林檎は赤い」という時に、この林檎が赤いと同時に赤くはないということはあり得ないのであり、その逆もまた然りである。さて、矛盾律を定式化すると、「Aは非Aに非ず」という形式で表されるが、ヘーゲルによると、この「Aは非Aに非ず」という矛盾律の定式は、同一律の反面を表す定式としてあらわされているに過ぎない。つまり「このAは非Aに非ず」は、結局「Aは非―非Aである」と同じことを意味するのだから、〔非非Aは否定の否定が反転することで〕そこから〈AはAである〉という同一律の定式が導出されることになる。つまり矛盾律は同一律の単なる反面であって、ヘーゲルの思弁論理学では矛盾律を定立する特別な理由がないとされる。そして、矛盾律の妥当性を否定することで、ヘーゲルを含めた、ヘーゲル主義者たちは、思惟の第三法則、排中律の妥当性を拒否することになる。その排中原理が言明するのは、「XはAでも非Aでもないものではない」または、「対立に対して無関心な第三者は存在しない」だが、ヘーゲルはこの命題そのものの中に対立に対して「無関心な第三項」、すなわちAそのものがあるという。したがって、Aと非Aの対立には実は、「Aと非Aの対立のあいだにある無関心態「Aそのもの」があり、このAそのものは、+Aでも−Aでもなく、+Aであると同時に−Aでもあるのだから、対立が根拠に帰還する反省の統一として、排中律において矛盾の媒介が言明されることになる。この矛盾の媒介によってAそのものは、媒介される以前のAよりも、「肯定的なもの」としてより高次の規定性を獲得するのだから、ヘーゲルの論理学は矛盾を媒介する運動が可能とされる。シバーンによれば、こうしてヘーゲルは、思考の三原則と言われる同一律、矛盾律、排中律の原則それ自体の中に、三原則の内的導出が可能とされる、相互媒介的な関係を見出したのであり、ヘーゲルはそれらの形式的な論理法則を、思弁論理学の矛盾の概念にとりかえてしまったというのだ。しかしながら、ヘーゲルの三原則の内的導出による、三つの思惟原則の媒介は、シバーンが批判するように、決してそこで矛盾の概念が媒介されるのではなく、あくまで論理的に対立の概念が媒介されることに注目しなければならない。シバーンが一貫性の原理の下で明らかにするのは、この三原則の内的導出における対立概念の媒介過程なのである。

すなわち矛盾原理「Aは非Aではない」は、Aでないものはないという否定の否定を反転させて、Aであるものはあるという同一原理を導出するが、この導きだされた同一原理（ないものはないから導出されたあるものはある）は、矛盾原理に基づく排中原理の選言判断、「XはAであるか非Aであるかのいずれかである」の中間項であるため、思惟の三原則は実際には、矛盾原理に従って、無矛盾的に矛盾を回避する仕方で一貫して内的に導出されている。つまり、ヘーゲルが弁証法的進行の至る所で矛盾原理の形式を止揚するのは、シバーンによれば、一貫性の法則による三原則の内的導出に基づいているのであり、しかもヘーゲルは矛盾ではなく、そこで対立概念を止揚していることの正確さを弁証法に認めなければならない、というのである。以上が一貫性の原理の説明であり、シバーンは一貫性の原理においてヘーゲルが如何に論理的な矛盾の概念を、思弁的な解釈で歪めたのかを、本質論の議論に従って批判してゆく。その批判は大論理学本質論の絶対的区別、差異性、対立の概念に向けられる為に、ヘーゲルの本質論のテキストを参照しながら、シバーンの批判を検討してみよう。

〈ヘーゲルの絶対的区別〉

「区別は、自己内反省の持つ否定性であり、同一的言明によって語られる無である。それは同一性自身の本質的契機である。この同一性は同時にそれ自身の否定性として自己を規定し、区別から区別されているのである。——中略——区別それ自体は自己関係的な区別である。そのようにそれはそれ自身の否定性であり、他のものからの区別ではなく、自己自身からの自己の区別である」(GW11, 266)。

ヘーゲルの絶対的区別は、本来アリストテレス論理学の矛盾の概念であるが、絶対的区別を矛盾律で表すと「Aは非Aに非ず」となる。絶対的区別の定義と同様に、この公式は主語がその他の特殊な事物によって否定されるとはいえ、それは単に「抽象的な非」が言明されるだけで、抽象的な自己関係しか持ち得ない為、何か他の物との関係を持つことができない。従って「自己に関係する区別」であると同時に、「区別から区別された同一性」である絶対的区別は(GW11, 266)、矛盾原理と同様に、結局「Aは非‐非Aである」と同じことを言明しており、この原理から、抽象的な同一性「AはAである」が導出されるだけであるから、そもそも矛盾原理を定立する特別な理由がないとされる。つまりヘーゲルは、矛盾原理の止揚を説明する際に、絶対的区別を抽象的な自己関係における否定性にまで引き下げた後で、そこから同一原理を導出し、思惟の第三法則である排中原理の妥当性を無効化したのである。なぜなら矛盾原理「Aは非Aではない」は、「Aでないものはない」という否定の否定を反転させて、「Aであるものはある」という同一原理を導出するが、この導きだされた同一原理（ないものはないから導出されたあるものはある）は、矛盾原理に基づく排中原理の選言判断、「XはAであるか非Aであるかのいずれかである」の中間項であるため、思惟の三原則は矛盾を回避する仕方で一貫して内的に導出されるからである。

〈ヘーゲルの差異性〉

「同一性はそれ自身のもとで崩壊して差異性となる。差異性は反省の他在そのものをつくりなしている。区別の無関心態としての差異性においては、反省は自己に対して一般に外的になっている。——中略——従ってこの疎外された反省のもとでは、相当性と不当性は相互に対して自ら関係づけられていないものとして現れるのであり、この反省は両規定を～の限りで、～の側面では、～の観点ではといった条件を通して同一のものへと関係づけるのであるが、まさにこのことによってこの反省は両規定を分離している。」（GW 11, 267）

〈シバーンの局面の法則〉

「所謂「同一原理」さらにそれは「局面の法則」（Positionens Princip）と呼ばれてもよい——は、言わばそれによって何が意味されるのか、人がその説明を与える際に、判断の形式において正しく考えるために正当化する意味での基本的な前提的言明、あるいはある種の前置きである。同一原理は何かがその諸関係の中にあって、それがそれ自身の中にもあることを示しているか、或いは我々がその諸関係の中のそのすべての現れの中に持つ存在が、それそのものであることを示している以上、同一原理には相対性の理念が導入されることになる」(BU, 82-83)。

差異と対立の違いは、例えば北は南と対立するが、西や上、青とは対立しない。これに対して北は西や上、青と差異をもつ。差異における区別は無作為であり、この意味で多様的である。この点で対立と差異は区別される。シバーンの批判は、ヘーゲルが判断の形式のなかに、同一原理を導入する際に、それが、異なる観点においてある物を判断するという多様性の条件に反して、あたかも媒介概念のように同一原理を扱っているということである。ヘーゲルは、差異性は多様性であると言っていたはずだ。ヘーゲルの差異性の定義「この疎外された反省のもとでは、相当性と不当性は相互に対して自ら関係づけられていないものとして現れるのであり、この反省は両規定を~の限りで、~の側面では、~の観点ではといった条件を通して同一のものへと関係づける」。この疎外された反省とは、自己自身の同一性に関係づけられていない反省のことであり、「反省が自己に対して一般に外的になっている」、「反省の他在そのものをつくりなしている」とは、自分以外の他との関係において、無作為に他の規定性から自己が否定されるという関係にたっていることを意味する。差異性とは多様性なのである。

シバーンの主張は、同一性「XはAである」とは、多様性の規定であり、「である」コプラは、存在の定立ではなく、仮定の言明するに過ぎない、というものである。同一律は局面の原理から多様性を言明することは明らかであり、矛盾対立を止揚する媒介概念としては用いることはできない。問題は、ヘーゲルが主張する差異性に、同一原理が適応される場合に、関係の多様性において局面の差異から対立が生じることが理解されなければならない、ということである。従って同一原理は局面の法則によって、主語と述語の相互関係において差異が生じるのが前提されるため、シバーンが言うように、同一原理には多様性という相対性の理念が導入されなければならない。

〈ヘーゲルの対立〉

「対立において、規定された反省、区別が完成される。対立は同一性と差異性との統一である。対立の両契機はひとつの同一性のなかで差異された契機である。こうしてそれらは対立した契機である。――中略――対立した〔二つの〕ものは実際にそれらの関係の中で相互に打ち消しあい、その結果は零に等しい。だがそれらの〔対立したものの〕なかには対立そのものに対して無関心なそれらの同一的な関係もまた現存している。それだからそれら〔の対立したもの〕は一つのものをなしている」(GW11, 272)。

「対立」の止揚は、規定態における一定のAが一定の非Aによって否定されることで、そこにAと非の対立のあいだに「Aそのもの」が残され、「そのAそのもの」は以前のAよりも、「肯定的なもの」としてより高次の規定性を獲得する。ここでヘーゲルは、矛盾としての反対対立の止揚を説明する際に、排中原理そのものの媒介について言及している。排中律の間には、実は常に中間の第三項〔Aと非Aの間の無関心態Aそのもの〕が存在しており、ヘーゲルによれば、「無関心な第三項」、すなわちAそのものは、「+Aでも-Aでもないと同様に、+Aでも-Aでもある」のだから、この第三項はヘーゲル論理学において「対立が根拠に帰還するところの反省の統一」であるとされる（GW11, 286）。しかしこの説明はシバーンにとって断じて受け入れられない。

〈シバーンの一貫性の原理〉

「反対対立の一定の可能性の要求と、互いに向かい合って生じる対立の諸規定は、全てのものは存在すれば、全てのものは主語であり、全てのものは関係によってのみ妥当するという際限のない相対性の中にそれらの根拠を持っている。この実在に関する無限の弁証法の内では、全てものはあり、また同時に際限のない仕方でない。しかしこの弁証法はまさにこの連続的な流動性の中での連続的な一貫性によって、弁証法である」（BU, 80）。

ここでシバーンは弁証法的思考のなかにある対立や変化といった運動の問題を扱う。「このAは+Aでも-Aでもないと同様に、+Aでも-Aでもある」という対立や変化、つまり反省の流動性は、媒介の争点においてて対立の一致が見いだされなければ、弁証法的思考は懐疑論に陥ってしまう。ヘーゲルは反対対立の媒介において、排中原理そのものを無効化するというが、シバーンによれば、二つの対立する述定の間に無関心に想定すると想定される第三項、つまりAそのものを、媒介の連続性において無作為に定立できない。なぜならその場合、無関心なAそのものは、シバーンの言う無際限の相対性（懐疑論）の中に根拠を持つことになるからである。シバーンによれば、反対対立において止揚されるのは、一定のAに対する一定の非Aであり、「このAに対するその否定」である限り、思考の流動性の中にある相対的な中間項、つまりAそのものは、媒介の争点にならず、むしろ弁証法のあらゆる流動性の時点にも、一貫性が連続的に運動を規定することが明らかにされる（以上が一貫性の原理によるヘーゲル論理学本質論の批判の骨子であるが、詳細は拙著、「デンマーク矛盾論争におけるF・C・シバーンのヘーゲル批判」、日本ヘーゲル学会編『ヘーゲル哲学研究』二二号、一七七―一九一頁参照されたい）。

続いて『ヘーゲル哲学の論評と研究』の第三部「ヘーゲルが思惟に与える誇張された意義と彼が感情とそれに基づく認識を位置づける不均衡について〔以下『感情論文』〕」（Om og i Anledning af den overvægtige Betydning, Hegel giver Tænkning, og det Misforhold, hvori han stiller Følelsen og den deri grundede Erkjenden）の内容を紹介したい。この第三論文は、一八三八年『ペルセウス』六月号に掲載された、心理学的立場からのヘーゲルの媒介概念の批判である。第三部の『感情論文』は、シバーンの心理学的上の概念が多用されているので、この論文の内容を理解するために、ここでまた可能な限り、シバーン哲学からこの論文の認識論的な枠組みについて説明しておきたい。この論文は論理学的な思惟の媒介に対して、心理学が対象とする直接性の意義を強調するために、感情と意志と共感（Sympathie）という三つの認識論の枠組みにおいて、意識における直接性の重要性を考察する。これら三つの認識は、シバーンの心理学における、直接的直観（Umiddelbare Anskuelse）、知的直観（intelligente Anskuelse）、共感的直観（Sympathiske Anskuelse）に区別され、直接性の自発的な統一を「直観」（Anskuelse）の中に求めることで、シバーンは、思惟の反省と媒介に対する総合的な統一を信仰の認識に見出す。感情、意志、共感の「認識」は、後に「直観」概念として整理されるが、まず『感情論文』の中でシバーンが言及する「認識」の意味を説明したい。シバーンが『感情論文』で言及する「認識」（Erkjendelse）とは、直接性の持つ自発的な統一であり、意識における真なるものとの関係において、「自己作用を及ぼすこと」、「自らを付与すること」（gjorde sig gjeldende）が、認識の基本的な意味である。そのように心理学的な認識は、理念的な活動を行う人格性と、真なるものの直接的な付与が結合するところに直観としての認識が成立する。

次にシバーンは認識論の枠組みとして「直観」と「推論」（det Discursive）を区別する。三つの認識の内の感情の認識は、経験における知覚の自発的な活動において直接的に知られている。それ故に感情は、「直接的直観」と呼ばれ、シバーンは「直接性」の中に知覚の自発的な働きを認めるために、直接性はヘーゲル的な媒介に対して下位に置かれることはない。シバーンによれば、むしろ感情と思惟は「並行的」（collarerale）な関係を保たなければならず、どんな思惟の媒介にも、すでに直接的な直観が前提されるので、直観の直接的な統一なしには思考の媒介は働くことができない。その意味で、直接的直観における主観と客観との純粋な統一の中にこそ、感情と思惟の「並行的」な関係が見出されるのである。さらに付け加えれば、シバーン心理学が考察する直接性は、主観と客観、認識する主観と認識される対象とが純粋な直観において直接的かつ不可分に（umiddelbare og udelte）統一されている。

この直接的な統一に、反省の作用が加わることによって、主体性に分裂が齎され、反省が主客の分裂を対立的にするのである。直接的な直観の中には主観と客観の区別はないが、概念の能力としての活動性が、意識の中で「可能性」として現れると、主観と客観の区別が現れ始め、純粋な直観のなかにはなかった可能性が、主観と客観の「不均衡」（det Misforhold）を生じさせる。その意味で、主体を分裂させる思惟の反省は、概念の能力に由来し、この概念認識が持つ推論の思考が、直接的な統一を分裂させるのである。シバーンは真なるものを直接的に付与する感情の認識に対して、主観と客観とが分裂する最初の不均衡について考察している。そのような不均衡は純粋な直観の中には見られなかったが、真なるものの探求において偽なる可能性が現れるところに、主観と客観の分裂が始まる。この可能性は直接性が付与される主観のもとに、偽なるものが受容されることによって起こる意識の内部の二重化である。その結果、意識の内部に認識する主観と認識される対象との区別が生じると、直接的な認識とは対照的に、真なるものに対して曖昧に把握する能力が偽なるものを含んだ可能性として現れる。それが推論の能力を持つ、弁証法的な思考の特性である。このようにシバーンにとって概念の能力を持つ弁証法的思考は、直接的に与えられたものの真偽を推論によって探求する能力であり、ここにはデカルトの思惟を誤って認識したヘーゲルに対する批判が指摘される。シバーンはこれらの前提を踏まえながら、ヘーゲルの体系の中で、感情による認識が思惟の媒介に従属する仕方で扱われることを批判し、一連の媒介問題の批判として、この『感情論文』をヘーゲルの論理学批判の後に位置付けたのである（なおシバーンの『ヘーゲル哲学の論評と研究』は、第八論文まで続くために、その内容の紹介は割愛する）。

年表

	デンマーク、ドイツ哲学の動向	世界史とデンマーク、プロセインの出来事
一八〇七	ヘーゲル『精神現象学』	イギリス艦隊によるコペンハーゲン砲撃、デンマークはフランスと同盟
一八〇九	シェリング『人間的自由の本質』	デンマーク、スウェーデンと講和
一八一二	ヘーゲル『大論理学』第一巻・存在論 シュライエルマッハー、ベルリン大学教授	ナポレオンのロシア遠征 英米戦争
一八一三	キルケゴール、五月五日コペンハーゲンに生まれる シバーン、コペンハーゲン大学教授	ライプチヒの戦い デンマーク、ナポレオン戦争の参加により財政破綻、第六次対仏大同盟でデンマークは孤立する。
	ヘーゲル『大論理学』第二巻・本質論 トレショウ『普遍論理学』	プロセイン＝ロシア対フランス宣戦
一八一四	フィヒテ、死去 ラプラス『確率についての哲学的試論』	ウィーン会議開催 デンマーク、キール条約でノルウェーを割譲
一八一五	シェリング『サモトラケの神々について』	ドイツ連邦発足、イエナ大学でブルセンシャフト結成 ワーテルローの戦い
一八一六	ヘーゲル『大論理学』第三巻・概念論	イギリスが金本位制を導入
一八一七	ヘーゲル『哲学的諸学のエンチュクロペディー』 ハイベア『クリスマスの喜びと新年の冗談』	セルビア公国がオスマン帝国から独立 ドイツ、ワルトブルク祝祭（宗教改革三〇〇周年）

一八一八	ヘーゲル、ベルリン大学教授	デンマーク、経済的混乱によりデンマーク国立銀行を設置
一八一九	ショーペンハウワー『意志と表象としての世界』	カールスバートの決議、ブルセンシャフトの取り締まり
一八二一	ヘーゲル『法哲学綱要』、宗教哲学講義を始める キルケゴール、ラテン語学校に入学	セント・ヘレナ島でナポレオンが死去 ギリシャ独立戦争
一八二二	シバーン『認識と吟味』、『論理学のエレメント』 ヘーゲル、哲学史講義を始める	ベローナ会議 大モルトケがプロセイン軍に移籍
一八二三	メラー『デンマーク学生物語』	アメリカ、モンロー宣言
一八二四	ハイベア、ベルリン旅行でヘーゲルに会う ハイベア『人間的自由について』	デンマーク、エルステッドが自然地理学協会を設立 イギリスとオランダで植民地分割協定
一八二五	ハイベア『論理学的観点から考察された偶然性』	ロシアでデカブリストの乱
一八二六	シバーン『ガブリエリスの手紙』	ボリバルの提唱でパナマ会議
一八二七	マールハイネケ『学問としてのキリスト教教義学』 ハイベア『コペンハーゲン空輸便』を刊行 シバーン『思惟言説としての論理学』第一版 ヘーゲル『エンチュクロペディー』第二版	ナヴァリノの海戦 ハイネ『歌の本』
一八二八	シバーン『心理学的情念論』 F・シュレーゲル『生の哲学』	ロシアとイランでトルコマーンチャーイ条約を締結 ギュレンボウ夫人『日々の物語』
一八二九	ゾルガー『美学講義』	アドリアノープル条約でギリシャ独立
一八三〇	キルケゴール、コペンハーゲン大学入学 メラー、コペンハーゲン大学教授 シバーン、心理学講義を始める	フランスで七月革命、ブルボン復古王朝崩壊 オランダがベルギーから独立 デンマーク、国民自由主義運動が拡がる

年	事項	世界の出来事
	ヘーゲル『エンチュクロペディー』第三版 シュライエルマッハー『信仰論』	スタンダール『赤と黒』
一八三一	ヘーゲル、コレラで死去 ゲーテ『ファウスト』第二部	ドイツ、バーデン州でライツェンシュタイン内閣成立 チャールズ・ダーウィンがビーグル号でイギリスを出発
一八三二	ハイベア『思弁論理学』 ベルリン版ヘーゲル全集が刊行される	イギリス、第一回選挙法改正 フランス、ラマルク将軍の死去で六月暴動
一八三三	グルントヴィ『北欧神話学序説』 ハイベア『現代に対する哲学の重要性』 ミュンスター『宗教的確信について』 ヘーゲル『歴史哲学講義』第一部、第二部	スペイン、カルリスタ戦争始まる 英国国教会でオクスフォード運動が起こる 日本、天保の大飢饉
一八三四	マーテンセン、ドイツへ旅行 ベンサム『義務論、道徳の学』 シュライエルマッハー、死去	ドイツ関税同盟結成 デンマーク、フォルケホイスコーレを設立 フランス、アリジェリアを併合
一八三五	ヘーゲル『美学講義』第一部 ハイベア、王立防衛大学で論理学講義 シュトラウス『イエスの生涯』第一部 ハイネ『ドイツの哲学と宗教の歴史』 マーテンセン、ドイツより帰国	ニュルンデルク・フルト間にドイツ初の鉄道が開通 デンマーク、ロスキレとイツエホエで最初の身分制議会 ハレー彗星接近 アンデルセン『即興詩人』 バルザック『ゴリオ爺さん』
一八三六	マーテンセン、ハイベアの論理学書評 ヘーゲル『歴史哲学講義』第三部 シュトラウス『イエスの生涯』第二部	フランス、パリのエトワール凱旋門が完成 アラモの戦い アンデルセン『人魚姫』
一八三七	メラー『人間の不死性の証明についての試論』 ハイベア、『ペルセウス、思弁的理念の雑誌』刊行	イギリス、ヴィクトリア女王即位 ドイツ、ハノーファー国王、憲法を放棄

	マーテンセン「レーナウのファウスト書評」、『人間的意識の自律について』、コペンハーゲン大学で思弁的教義学講義 フォイエルバッハ『ライプニッツ哲学の叙述、発展、批判』 ヘーゲル『哲学史講義』 ボルツァーノ『学問論』	ゲッティンゲン七教授事件 アンデルセン『裸の王様』
一八三八	シバーン『ヘーゲル哲学の論評と研究』、ヘーゲル批判を開始 キルケゴールの父ミカエル死去 ポール・メラー死去 キルケゴール『今なお生ける者の手記』 ショーペンハウアー『自然における意志について』 ヘーゲル『美学講義』第三部	イギリス、人民憲章、チャーティスト運動が拡がる フランス、第一次メキシコ干渉戦争 トーヴァルセンがローマからデンマークに帰国 グリム兄弟『ドイツ語辞典』着手
一八三九	フォイエルバッハ『哲学とキリスト教』 デンマーク矛盾媒介論争が始まる ミュンスター「理性主義と超自然主義」 ハイベア「ミュンスターの理性主義と超自然主義」 マーテンセン「理性主義と超自然主義と排中律」	オスマン皇帝アブデュルメジト一世がギュルハネ勅令 デンマーク、クリスチャン八世が即位 スペイン、アミスタッド号事件 スタンダール『パルムの僧院』 アンデルセン『絵のない絵本』
一八四〇	アドラー『最も重要な形態における孤立した主体性』 マーテンセン『マイスター・エックハルト』 トレンデレンブルク『論理学的探求』 ヘーゲル『哲学史講義』第二版	プロセイン、フリードリヒ・ヴィルヘルム四世即位 清、アヘン戦争 北欧で汎スカンジナビア主義が拡がる
一八四一	キルケゴール『イロニーの概念』、レギーネ・オルセンと婚約、ベルリンでシェリングの啓示の哲学を聴講 シェリング、ベルリン大学教授、啓示の哲学講義	イギリスで総選挙、第二次ピール内閣成立 アメリカで先買法成立 デンマーク、フォルケホイスコーレ開講

	フォイエルバッハ『キリスト教の本質』 ショーペンハウアー『倫理学の二つの根本命題』 マーテンセン『道徳哲学の体系』 ハイベア『新しき詩』 ヴェーダー『ヘーゲル大論理学注解』	リヴィングストンがアフリカ大陸で宣教を開始 グルントヴィ『デンマーク教会の賛美歌集』
一八四二	アドラー『ヘーゲル客観的論理学講義』 フォイエルバッハ『将来の哲学の根本命題』 マールハイネケ『キリスト教神学におけるヘーゲル哲学の意義』 トレンデレンブルク『アリストテレス論理学の諸要素』 マーテンセン『現代の宗教的危機』 ヘーゲル『美学講義』第一部第二版『哲学史講義』第二部第二版 シェリング、神話の哲学講義	清とイギリスで南京条約締結 メンデルスゾーン交響曲第三番がライプツィヒで初演 ハンブルクで大火災 ゴーゴリ『死せる魂』 パルダン・ミュラー『アダムホモ』刊行
一八四三	キルケゴール、ベルリン旅行 キルケゴール『あれかこれか』、『畏れと慄き』、『反復』 シバーン『一般生物学によって導入された心理学』第一版 シバーン『哲学の概念、自然、存在』 アドラー『説教集』 トレンデレンブルク『ヘーゲルの体系における論理学的問題』 ヘーゲル『美学講義』第二部、第三部第二版	デンマーク、スカムリンクスバンケンで初の言語会議 コペンハーゲンでチボリ公園が開園 イギリス、清との間で虎門寨追加条約を締結 ポー『黒猫』 アンデルセン『みにくいアヒルの子』 ディケンズ『クリスマスキャロル』 バルザック『幻滅』
一八四四	キルケゴール『哲学的断片』、『不安の概念』 スティリング『現代の無神論あるいは新ヘーゲル主義の帰結』	デンマーク、東インド会社の植民地をイギリスに売却 ドイツ、シュレージエンで織工一揆

	ヘーゲル『哲学史講義』第三部第二版 マルクス『ヘーゲル法哲学批判序説』 マルクス『経済学、哲学草稿』 ニーチェ生まれる	オランダのウィレム二世が徳川幕府に開国を勧告 デュマ『モンテクリスト伯』 アンデルセン『雪の女王』
一八四五	キルケゴール『人生行路の諸段階』、ベルリン旅行 アドラー『私の停職と罷免について』 シュティルナー『唯一者とその所有』	北欧でスカンジナヴィア祭典 アイルランドでジャガイモ飢饉 メリメ『カルメン』
一八四六	キルケゴール『哲学的断片の後書き』、『アドラーの書』の出版を断念 アドラー『神学研究』、『論理学におけるキリスト教解明の試み』 シバーン『思弁的宇宙論』 マルクス、エンゲルス『ドイツイデオロギー』 プルードン『貧困の哲学』 トレンデレンブルク『カテゴリー論史』 フォイエルバッハ『宗教の本質』	ポーランド、クラクフで蜂起 米墨戦争勃発 ピウス九世がローマ教皇に就任 イギリス、第一次ラッセル内閣成立、自由主義貿易が確立 ドストエフスキー『貧しき人々』
一八四七	キルケゴール『愛の業』 アドラー『私の論理学におけるキリスト教の解明の試みの考察』 マルクス、エンゲルス『哲学の貧困』 マールハイネケ『キリスト教教義学の体系』	スイスで分離同盟戦争 イギリスで工場法成立 デンマーク、コペンハーゲン－ロスキルデ間に鉄道開通 ミシュレ『フランス革命史』
一八四八	キルケゴール『我が著作活動の視点』 マルクス、エンゲルス『共産党宣言』 ミル『経済学原理』 ヴィンデルバント生まれる	フランス、二月革命、諸国民の春 デンマーク、憲法制定の市民の行進、絶対王政が崩壊 第一次シュレスヴィヒ＝ホルシュタイン戦争 ドイツ、三月革命、フランクフルト憲法制定国民会議

一八四九	キルケゴール『死に至る病』 マーテンセン『キリスト教教義学』	フランクフルト国民議会でドイツ帝国憲法制定 フレゼリク七世、デンマーク王国憲法署名、立憲君主国に
一八五〇	キルケゴール『キリスト教の修練』 マルクス『フランスにおける階級闘争』 エンゲルス『ドイツ農民戦争』	デンマーク、プロセインと講和、イステズの戦い デンマーク、西インド諸島をイギリスに売却 プロセイン、オーストリア、ロシア間でオルミッツ協定
一八五一	フォイエルバッハ『宗教の本質に関する講義』	オーストリア、欽定憲法廃止、絶対主義体制へ
一八五二	フィッシャー『近代哲学史』	ナポレオン三世即位、フランス第二帝政
一八五三	アドラー『論理的に解釈されたキリストとの和解の契機』 シバーン『ポエジーと芸術について』第二版 ローゼンクランツ『学の体系』	クリミア戦争勃発〜一八五六 プロセイン・オーストリア通商条約締結 デンマーク、コペンハーゲンでコレラが急増
一八五四	シェリング死去 ミュンスター死去	ペリー来航により日米和親条約 デンマーク、ダンネブロ（国旗）が制定
一八五五	キルケゴール死去	パリで万国博覧会 オーストリア、ローマ教皇と政教協約

〈ハ　行〉

〈マ　行〉

〈ヤ　行〉

〈ラ　行〉

〈タ　行〉

〈ナ　行〉

索　引

〈ア　行〉

〈カ　行〉

〈サ　行〉

《編訳者紹介》

大 坪 哲 也（おおつぼ　てつや）

1979年　福岡市生まれ

2009，2010～2012年　デンマーク・コペンハーゲン大学神学部留学（人間科学部哲学副専攻），キルケゴール研究センター研究員

2017年　京都大学大学院文学研究科博士後期課程満期退学（宗教学）

現　在　静岡英和学院大学専任講師，宗教主任．甲南大学非常勤講師

主要業績

『ヘーゲルと現代思想』（共著），晃洋書房，2017年．

「F. C. シバーンのヘーゲル批判」『ヘーゲル哲学研究』22，2016年．

「キルケゴールの不安の概念における実存論的学の問題」『宗教学研究室紀要』11，2014年．

キルケゴールとデンマークの哲学・神学

2018年5月30日　初版第1刷発行

＊定価はカバーに表示してあります

編訳者の了解により検印省略

著　者　アドルフ・アドラー
　　　　フレデリック・クリスチャン・シバーン

編訳者　大 坪 哲 也

発行者　植 田 実

発行所　株式会社　晃 洋 書 房

〒615-0026　京都市右京区西院北矢掛町7番地

電話　075（312）0788番(代)

振替口座　01040-6-32280

装丁　㈱クオリアデザイン事務所　　印刷・製本　㈱エーシーティー

ISBN978-4-7710-3068-8